观·映

汉代铜镜图像与铭文的研究及展览策划

深圳博物馆
广东大观博物馆

编

文物出版社

图书在版编目（CIP）数据

观·映：汉代铜镜图像与铭文的研究及展览策划 / 深圳博物馆，广东大观博物馆编. -- 北京：文物出版社，2024. 8. -- ISBN 978-7-5010-8528-6

Ⅰ. K875.22

中国国家版本馆CIP数据核字第2024ZB0608号

装帧设计：雅昌（深圳）设计中心　冼玉梅

观·映

汉代铜镜图像与铭文的研究及展览策划

编者：深圳博物馆　广东大观博物馆

责任编辑：王　伟
责任印制：张道奇
出版发行：文物出版社
社址：北京市东城区东直门内北小街 2 号楼
邮编：100007
网址：http://www.wenwu.com
邮箱：wenwu1957@126.com
经销：新华书店
印刷：雅昌文化（集团）有限公司
开本：889mm×1194mm　1/16
印张：16.25
版次：2024 年 8 月第 1 版
印次：2024 年 8 月第 1 次印刷
书号：ISBN 978-7-5010-8528-6
定价：436.00 元

目录

序一

　　党的十八大以来，在党中央的高度重视下，我国博物馆事业取得了历史性成就。2022 年 7 月 9 日，习近平总书记给中国国家博物馆的老专家回信时强调：博物馆是保护和传承人类文明的重要场所，文博工作者使命光荣、责任重大。希望同志们坚持正确政治方向，坚定文化自信，深化学术研究，创新展览展示，推动文物活化利用，推进文明交流互鉴，守护好、传承好、展示好中华文明优秀成果，为发展文博事业、为建设社会主义文化强国不断作出新贡献。

　　深圳博物馆作为中国特色社会主义先行示范区的国家一级博物馆，坚持以社会主义核心价值观为引领，通过与国内外文博机构的密切合作，策划不同类型的专题展览，发展社会主义先进文化，弘扬革命文化，传承中华优秀传统文化，满足广大市民群众日益增长的精神文化需求。

　　本次"观·映——汉代铜镜的图像与铭文"展览是我馆联合广东大观博物馆举办的原创展览。在展览的筹备过程中，深圳博物馆牢记总书记的嘱托，深化学术研究，创新展览展示，不追求形式上的大而全，而突出内容的特色。本次展览精选了 70 余件具有代表性的汉代铜镜，通过长期的学术积累和深入的专业研究，充分发掘汉代铜镜图像与铭文所蕴含的时代精神，创新出"划重点式展陈"的模式，为广大观众带来了一场"小而精"的观展体验。

　　作为岭南地区重要的国有文博研究机构，深圳博物馆在文物、地方史、改革开放史、民俗文化、考古学及博物馆学等领域有较强的研究能力，举办了多个大型、重量级的展览，在业界产生重要影响。一直以来，深圳博物馆通过合作办展的方式，加强对非国有博物馆的业务指导与支持。非国有博物馆是我国博物馆事业的重要组成部分，是现代博物馆体系的重要支撑。此次展览的共同举办单位广东大观博物馆，是岭南地区铜镜收藏较为丰富和精美的非国有博物馆之一。本次展览合作项目，也是深圳博物馆参与推动国有博物馆与非国有博物馆合作新局面的积极探索。

　　"一座博物馆就是一座大学校"，博物馆不仅承载着中华民族悠久的历史文化，也承载着社会教育的重要功能。新时代的博物馆人应担负起新的责任与使命，不忘初心，深入发掘文物背后的信息，切实办好展览，让博物馆融入公众生活，在博物馆中弘扬社会主义先进文化，在展览中讲好中国故事、传播好中国声音。

深圳博物馆馆长　黄琛

序二

  中国铜镜，始见于新石器时代之齐家文化晚期，嗣后历经商周秦汉、魏晋隋唐至宋元明清，凡四千年。其历代精品力作纷呈，实为中国古代艺术品中的一朵奇葩。

  本次展览以"观·映"为名，有"明镜所以察行，往古所以知今"之意；也想通过汉代铜镜的精彩呈现，让文物说话、让历史说话，让收藏在博物馆里的文物活起来，展示中华文明的灿烂成就和对人类文明的重大贡献。

  广东大观博物馆以"不让我们的子孙后代只在教科书上读历史"为办馆宗旨，馆藏涵盖中国古代青铜器、铜镜、陶器、碑刻、银器、珐琅器逾12000件。其中铜镜是我馆特色珍藏，涵盖春秋战国至宋元明清各个历史时期，具有数量多、品质高、自成体系的特点。此次展览专以汉代铜镜图像与铭文为核心主题，摒弃以往"大而全"的单纯展示，着重学术研究的支撑与展陈呈现的创新；通过深入的学术研究，充分挖掘文物中的历史信息和文化内涵，着重展现中国古代铜镜精湛的铸造工艺与精美的艺术造型。展览同时辅以创新性的展陈手段，从而给观众带来不一样的认知和体验。

  在汉镜纹饰中，由蟠龙镜演变而来的星云镜如寥廓星空；四神镜中神兽飞逐如电激雷奔；神人神兽画像镜中的神仙人物故事则集中了大汉子民对宇宙与人生的深切思考；铭文中"维古今世天下平，四夷降服中国宁"则更将中国人坚守的构建人类命运共同体的家国情怀上溯了两千年。

  习近平总书记指出：中华文明五千多年绵延不断，经久不衰。在长期的演进过程中，形成了中国人看待世界、看待社会、看待人生的独特价值体系、文化内涵和精神品质，这是我们区别于其他国家和民族的根本特征，也铸就了中华民族博采众长的文化自信。

  一个成功的展览离不开每个人的努力与付出。在此特别感谢深圳博物馆及其策展团队、相关部门对本次展览所做的工作。是你们的密切配合，让已经退出历史舞台的铜镜，再次焕发出夺目的光彩，让中国古代铜镜的艺术之美和它所蕴含的深邃思想仍然激励着后人。

广东大观博物馆馆长 丁方忠

前言

铜镜是中国古代常见的日用器具，延续时间较长，几乎贯穿整个中国古代历史，传世与出土数量较为丰富，构成了一个规模庞大、分布广泛的收藏门类。汉代是中国铜镜发展的第二个高峰期。汉代铜镜受到当时"天人感应"、阴阳五行等社会观念的影响，大量装饰西王母、东王公、羽人、四神、天禄辟邪等神人神兽，纹饰线条灵动飘逸、铭文字体挺拔浑厚，形成了独具特色的装饰风格。汉代铜镜精美的装饰迎合了人们对艺术欣赏的追求，纹饰与铭文又融入了古人的精神世界，表达了人们对富贵长生的祈盼和羽化登仙的愿望。

"观·映——汉代铜镜的图像与铭文"展览，是由深圳博物馆自主策划、联合广东大观博物馆举办的原创展览，共展出 73 件汉代铜镜、1 件春秋铜鉴和若干件复仿品。在此次展览的策划过程中，策展团队整合前辈学者对汉代铜镜和相关图像材料的研究成果，通过系统的梳理和研究，发现汉代铜镜的纹饰与铭文所涉及的题材涵盖铜镜的铸造与使用、宇宙观、神人与神兽、升仙信仰、美好祈愿等诸多方面。展览据此分为"铸镜""饰镜""照镜"三个单元，其中第二单元"饰镜"包括"时代风格""宇宙""神兽""升仙""神仙""世间"六个小节，分别阐述铜镜图像和铭文所涉及的不同题材，探讨铜镜背面为何要装饰这些纹饰和铭文的底层逻辑。

本次展览注重形式设计的创新与创意，新颖独特的一体化设计将展品与解读文字、辅助图片高度融合的同时，突出展品的重点局部，达到"划重点式展陈"的效果。为加深观众对展览的理解、拓展展览的空间广度与时间长度，展览期间还开展了丰富有益的配套活动，包括拍摄展览的宣传视频、录制策展人导赏视频、发布科普推文、举办学术讲座、举办"汉代热门神兽图鉴"教育活动、制作虚拟展厅和线上知识图谱等。与此同时，策展团队还重视收集观众意见，以此作为检验此次展览成功与否的标准，为以后提高展览的策展水平、提升观众的参观体验提供借鉴。

这些展览策划工作中的每一个环节都凝聚和体现了策展团队的思考与研究。事实上，策展本身就是一个研究过程。具体来说，展览的策划至少包括了三类学科范畴的研究成果：一是以考古学、历史学、艺术史等学科为基础，研究文物及其历史背景、文化内涵；二是以博物馆学为基础，在展览叙事、展陈设计、宣教工作、公众体验等工作上实现突破与创新；三是利用理工类学科研发的新技术，创造多元的展陈手段和宣教方式。

展览图录是展览的记录和延伸，能以纸本的形式将展览内容永久地留存下来，是展览结束后仍可向公众传达展览信息的载体。2023 年以来，深圳博物馆新一届领导班子对展览图录的出版工作提出了更高的要求，着重强调展览图录必须要有学术性、研究性。然而，以往的展览图录更多侧重于呈现文物本体及相关研究成果，甚少涉及策展工作自身的研究性和学术性。因此，本次展览图录的编辑工作试图突破传统的编排体例，将策展工作中的各项环节和相关研究过程予以系统呈现。

本次展览的图录《观·映——汉代铜镜图像与铭文的研究及展览策划》，分为"上篇""下篇"和"图版"三个板块。上篇名为"观：汉代铜镜图像与铭文的研究"，包括"策展理念""展览文本"两个部分。其中，"策展理念"介绍了本次展览以解构铜镜纹饰和铭文的方式，将叙事聚焦于"铜镜为什么要装饰相关图像和铭文"这一具象概念上的策划理念；"展览文本"完整、系统地呈现了本次展览的图文内容，文本的正文即观众在展厅中看到的内容（部分内容有修订），文本中的注释则标注了正文中相关观点、图片的引用来源，以及部分观点的论证过程和由此引发的延伸知识与新思考。下篇名为"映：汉代铜镜展览的设计与传播"，包括"展陈设计""宣传教育"与"观众反馈"三个部分。其中，"展陈设计"讲述了如何将展览文本这种平面呈现转变为展厅空间这种立体展示的思考与实施过程；"宣传教育"旨在说明展览期间开展的宣传推广工作、学术讲座、公众活动和线上展示项目；"观众反馈"则节选了观众在留言本和微信公众号、微博、小红书等自媒体上的评论，以检验此次策展理念的可行性。最后的"图版"即传统展览图录的主要内容，突出展品的图像，描述展品的形制、纹饰、铭文。需指出的是，这些描述性的内容是在图录编辑过程中新撰写的，与本次展览的叙事主线基本无关，为避免"碎片化叙事"和"博物馆疲劳"，展览中并没有这部分内容。

深圳博物馆新一届领导班子成立以来，一直强调博物馆学的理论研究应与博物馆的工作实践相结合，将原创性、学术性和创新性作为展览策划和图录编写的指导原则。此次图录的编写工作，正是贯彻新一届馆领导班子的指示，力求突破展览图录的固有编排体例，以实践推动展览图录在学术性与研究性上的创新，并为今后的图录编撰提供一种可资借鉴参考的新范式。

上

观

汉代铜镜图像与
铭文的研究

篇

策展理念

聚焦与解构：

"观 · 映——汉代铜镜的图像与铭文"展览的策展理念

  铜镜展览是国内博物馆经常举办的一类专题展览，然而这类展览的策划并非易事，原因有二：其一，铜镜的平面几何形态较为单一，绝大多数为圆形，尺寸不大、色泽也不丰富，纹饰精细复杂、铭文字体偏小，让人难以辨识和欣赏[1]；其二，铜镜展览属于单一类型文物展览，这类展览由于展品类型单一、形制相似、功能重复等问题，缺乏叙事性，多以类型学或时代顺序作为展览结构，很难揭示"物"背后的社会现象或文化内涵，极易"千展一面"[2]。类型单一的展品、毫无吸引力的展览叙事与展陈设计，容易导致观众观展感受如同走马观花。

  不过，近几年一部分铜镜展览开始突破旧有的叙事模式，在展览叙事的角度和构建上不断创新。比如，2020 年 11 月开展的中国国家博物馆"镜里千秋——中国古代铜镜文化"展览，分为"鉴于止水""清质昭明""涑冶铜华""清光宜远""玉台影见""刻镂文章""莹质良工"等七个单元，通过历史脉络和专题展示相结合的形式，系统呈现中国古代铜镜的发展历史、制作工艺、贸易流通和铭文装饰[3]。2021 年 9 月开展的金华市博物馆"无穷·镜——古代铜镜中的微观世界"展览，以人类学与艺术史的视角和阐释方法，将展览分为"只是镜""不只镜""无止镜"等三个单元，分别叙述铜镜的物质形态、铜镜与人的关系、铜镜中蕴含的人的精神世界和价值取向[4]。2020 年 12 月深圳博物馆"吉金春秋——深圳博物馆铜器展"中"历代铜镜"展示，则以"社会变迁对铜镜纹饰的影响"作为叙事线索，将铜镜的发展分为战国汉晋、隋唐宋元明清两个部分，重点阐述铜镜纹饰题材从神人神兽向世俗的转变。

  这些展览在叙事上的突破与创新，确实为观众提供了较为新奇的感受，但也为本次展览的策划带来了更高的难度。如何避免重复前人的策展理念，构建新的叙事体系，成为本次展览策划团队拓展策展思路、提升策展能力的内在要求和驱动力。

  在最初的策划阶段，策展团队曾想以"铜镜从制作到埋藏并被发掘保护的一生"作为叙事脉络，将展览框架分为生产制作、买卖流通、日常使用、埋藏保存等四个单元。然而，铜镜自身的铭文、纹饰以及表面痕迹极少能直接反映买卖流通、日常使用等内容，若强行以"铜镜的一生"作为展览主线，则有可能导致主线内容与展品本体解读之间出现"两张皮"的现象。因此，这一想法最终被放弃。

  2021 年的一则新闻报道引起了策展团队的注意。当年 4 月，陕西的西咸新区发现了一座保存完整的西汉早期墓葬，从发布的视频可以看到，有两件铜镜以"T"形的布局竖置于墓主头部的前端，且均以铜镜正面朝向头骨（图 1）[5]。翻阅以往的考古发掘资料，得知秦汉时期有许多墓葬均有"头前置镜"的现象，这类特殊的铜镜随葬方式被认为有着明显的辟邪用意[6]。

目前的研究虽然仍缺乏充分的论据以支撑此类铜镜随葬方式有辟邪用意的观点，但视频中随葬铜镜均以正面朝向墓主头骨的画面，让策展团队联想到了西汉另一类特殊的铜镜——透光镜（图2）。透光镜一般为西汉"昭明"铜镜。所谓"透光"，是指在阳光或竖直光线的照射下，铜镜背面的纹饰可以被映射到铜镜正面朝向的物体上，即镜背的图案或铭文透过铜镜映射到铜镜正前方的物体上。

图1　西咸新区西汉早期墓葬的铜镜随葬方式
图片为新闻报道视频的截图

虽然这种"透光"效果只是在铜镜铸造与加工过程中无意形成的一种结果[7]，但若把这种现象与西咸新区西汉墓葬的"头前置镜"随葬方式联系起来，足以让人们产生这样一种联想：汉代的人们是否存在这样一种认识，即人们在用铜镜照容的同时，铜镜还可以将镜背上有特殊寓意的纹饰与铭文映射到他们身上，让人们可以因此辟邪，继而获得庇佑和寻求福祉？这一联想又带来了一个新的思考：对于当时的人们而言，在铜镜上装饰这些图像和铭文，除了美观之外，是否还有其他的作用或意义呢？值得注意的是，汉代铜镜上的纹饰并非此类器物的特有装饰，也是同时期帛画、砖石、壁画、漆器、陶器、铜器等器类的常见纹饰，这是汉代的时代风格。因此，上述的思考还可以进一步延伸：汉代的人们，是基于一种怎样的意识，在当时的器物上装饰这些图案与文字，进而形成了如此这般的时代风格呢？

图2　上海博物馆西汉透光镜的陈列方式
2012 年摄于上海博物馆展厅

当带着这样的思考重新审视当下的铜镜展览，会发现这些展览多是从现代人的视角去认识古代铜镜，通过铜镜的纹饰与铭文去重构各个时代的社会风貌与文化内涵，却很少从当时人们的角度去看待铜镜上的纹饰和铭文，进而揭露当时人们以此装饰铜镜等其他器物的底层动机。这也使得大多数展览采用了一种大而全的叙事，内容尽可能地面面俱到，展览主题宏大，缺乏聚焦。虽然有些展览会提到汉镜中的神人、神兽等纹饰在当时的观念意识中有趋吉辟凶的作用，但这只是该展览庞杂内容体系中的一个知识点，而非其展览叙事的主线，而且并未将其与人们装饰铜镜的动机联系在一起。大而全的展览内容只会增加观众的观展难度[8]，导致展览传递出来的信息是碎片化的，而非一个系统的认知体系。

事实上，近几年国内已有部分学者在反思宏大叙事的同时，探讨了从微观视角构建叙事的可能性[9]。美国史密森尼研究院（Smithsonian Institution）的乔治·布朗·古德（George Brown Goode）就曾指出博物馆的展览应反映"概念"，而不仅仅是"物"[10]。那么，展览应该反映什么样的概念呢？深圳博物馆曾在"吉金春秋——深圳博物馆铜器展"钱币展示单元的策划实践中，将内容聚焦于"铜钱的实际重量与名义重量及其关系"这一微观且具象的概念上，并指出该概念是铜钱流通的底层逻辑，是理解中国铜钱时代货币流通领域相关现象的核心概念[11]。

思考至此，本次展览的第一个策展理念逐渐清晰，即：将展览内容"聚焦"于一个具体的概念上，这个概念正是前文提出的问题：当时的人们为什么要在铜镜上装饰特定铭文和纹饰？在铜镜上装饰这些图像与文字，对于当时的人们有着怎样的作用和意义？尝试从当时人们的视角去回答这一问题，就是本次展览叙事的底层逻辑。事实上，若仔细观察汉代铜镜，就能发现汉镜铭文中就有"吾作明镜……上有东王父西王母，仙人子乔赤松子，用者大吉""蔡氏作镜佳且好……刻治今（禽）守（兽）悉皆在，令人富贵宜孙子"等类似的内容，这恰恰是当时人们装饰神人、神兽等纹饰的一种"自我回答"。

　　那么，如何在展览中予以"聚焦"呢？孔祥星先生曾指出："不少展品说明已成例行公事，或只标出时代和名称，或从镜钮到镜缘，不分主次，逐一描述，看起来就倍感重复和乏味。"[12] 汉代铜镜的纹饰与铭文，包含了丰富多元的内容元素，若对每件铜镜的所有图像和文字均进行全面或不加选择的详细解读，只会导致观众的阅读量加大，产生"博物馆疲劳"；同时，还容易让观众陷入海量的、碎片化的内容中从而迷失重点，无法获知本次展览真正想要传递给观众的最主要的知识信息。孔祥星先生还曾提到："铜镜形式简单，色泽平淡，个体又小，对其纹饰和铭文必须进行微观的研究和鉴赏。"[13] 这一论述为怎样"聚焦"提供了一个灵感：将铜镜中的纹饰与铭文一一解构，对单个纹饰或铭文元素进行解读。

　　至此，本次展览的第二个策展理念也逐渐明确，即：通过解构铜镜的图像与铭文，将以往大而全的展陈模式转变为"划重点式展陈"，避免"博物馆疲劳"，让观众达到"懒人式观展"的效果。首先，有赖于前辈学者对汉代铜镜与图像材料的详实且深入的研究，策展团队将汉镜纹饰和铭文逐一解构，总结归纳出五个主题：宇宙观、神兽、升仙信仰、神仙体系、世间愿望。从这五个具有鲜明汉代特色的主题切入，最终给出"当时的人们为什么要在铜镜上装饰相关铭文和纹饰，这些纹饰与铭文对于时人有着怎样的作用和意义"这一问题的回答，即这些纹饰与铭文对时人有着趋吉避凶的作用。其次，将能够反映上述五个主题的代表性纹饰或铭文解构出来，通过展品与展板高度融合的一体化设计，放大局部纹饰或铭文，将这些重点一一"划出"，能让观众在第一时间看到策展人想要传达的信息，避免观众在反复搜索、对比展品及其解读文字中浪费时间。

　　此外，在展览内容的撰写过程中，策展团队还通过三种实操手段实现"聚焦"与"解构"的策展理念。其一，前言与各单元导言以提问的方式引出主旨，让观众带着问题去看展览，主动寻找答案、获取相关信息。其二，展品说明摒弃类型学语言，不去描述每件铜镜的全部图文，而只是针对该铜镜中符合该单元或小节主旨的特定纹饰或铭文进行深入解读。其三，展览架构中以上述五个主题设置的五个小节，并没有依照惯例在每个小节的起始处设置导言，而是在结尾处设置一段小结语，是对该小节内容作出的小总结。这种方式符合"归纳"这一人们惯用的思维逻辑模式，能进一步加深观众对展览主旨的理解。需要指出的是，这些小结的内容都引用了汉镜中相关铭文，如"刻治今（禽）守（兽）悉皆在，令人富贵宜孙子"等，以"自我回答"的方式回应这类主题的纹饰或铭文对于汉代人有着怎样的意义和作用，实现逻辑自洽。

　　本次展览以解构的方式，提炼出汉镜纹饰与铭文的主题，通过问题引导、"划出"重点、归纳总结等观展步骤，引导观众聚焦至"当时的人们为什么要在铜镜上装饰相关铭文和纹饰，这些纹饰与铭文对于时人有着怎样的作用和意义"这一具象的概念上。观众在这一过程中不再是机械地记忆、理解展览中那些孤立、碎片的知识点，而是通过一个个纹饰或铭文主题去理解一个具象的概念，以此为中心在脑海中构建出一个内容丰富、逻辑严密的知识体系，再将展览中呈现的各类信息纳入其中，彼此构成有机联系，最终产生长期记忆。在今后欣赏其他汉代铜镜时，可以通过自己的认知与理解，将其他汉镜的纹饰和铭文元素不断添加到这个体系中，而不再是陌生抵触或全盘接受。

注释：

[1] 孔祥星：《关于举办中国古代铜镜展览的几点思考》，王春法 主编：《镜里千秋——中国古代铜镜文化》，北京时代华文书局，2021 年，第 13 页。

[2] 徐进、王晨辰：《单一类器物展览的多学科策展路径研究——以"无穷•镜——古代铜镜中的微观世界"展览为例》，《博物院》2022 年第 3 期。

[3] 中国国家博物馆官网，https://www.chnmuseum.cn/portals/0/web/zt/202011jlqq/。

[4] 徐进、王晨辰：《单一类器物展览的多学科策展路径研究——以"无穷•镜——古代铜镜中的微观世界"展览为例》，《博物院》2022 年第 3 期。

[5] a.《西咸新区发现完整西汉墓葬 出土珍贵文物上百件》，西部网，http://news.cnwest.com/lianbo/a/2021/04/19/19630517.html；b.《最新考古发现！陕西发现完整汉墓出土大量文物》，新华网，https://baijiahao.baidu.com/s?id=1697430673027636797&wfr=spider&for=pc。

[6] 王锋钧：《铜镜出土状态研究》，《中原文物》2013 年第 6 期。

[7] 深圳市文物管理办公室、深圳博物馆、深圳市文物考古鉴定所 编：《镜涵春秋——青峰泉、三镜堂藏中国古代铜镜》，文物出版社，2012 年，第 67 页。

[8] 蔡明、陈红梅：《深圳博物馆"大汉海昏侯——刘贺与他的时代"策展反思》，《艺术与民俗》2021 年第 2 期，第 23 页。

[9] a. 崔孝松：《宏观叙事与微观叙事：当代史展陈的两种叙事模式——以〈深圳改革开放史〉与〈香港故事〉为例》，《中国博物馆》2016 年第 4 期；b. 李明倩：《换一种说法——基于叙事学的展览文本去同质化研究》，《自然科学博物馆研究》2020 年第 6 期；c. 许捷：《展览叙事：从方法到视角》，《博物院》2021 年第 4 期。

[10] 朱幼文：《教育学、传播学视角下的展览研究与设计——兼论科技博物馆展览设计创新的方向与思路》，《博物院》，2017 年第 6 期，第 71 页。

[11] 蔡明：《博物馆展览的核心概念、叙事构建与信息传达——以"吉金春秋"钱币展示为例》，《东南文化》2022 年第 4 期，第 153 页。

[12] 孔祥星：《关于举办中国古代铜镜展览的几点思考》，王春法 主编：《镜里千秋——中国古代铜镜文化》，北京时代华文书局，2021 年，第 13 页。

[13] 孔祥星：《关于举办中国古代铜镜展览的几点思考》，王春法 主编：《镜里千秋——中国古代铜镜文化》，北京时代华文书局，2021 年，第 14 页。

文章撰写： 蔡　明

展览文本

观·映——汉代铜镜的图像与铭文

内容框架

0.1 展品1件

展品编号	001
图版号	图版 01
展品名称	蟠螭纹铜鉴
解读对象	全器

展台类型	普通展台

0.2 展品1件

展品编号	002
图版号	无
展品名称	仿汉博局纹铜镜
解读对象	铜镜正面

宝鸡市周原博物馆范铸青铜工艺研究所制作

展台类型	普通展台

0.3 展品1件

展品编号	003
图版号	图版 02
展品名称	"观容貌""皎光"重圈铭文铜镜
解读对象	局部铭文："昭察衣服观容貌"

展台类型	普通展台

观，是人们认识世界的主要途径。

古人观看铜镜，是在认识镜中的自己；我们今人观赏铜镜，更多是在认识铜镜的纹饰，欣赏其美，解读其蕴含的历史内涵。

那么，是否有人想过，如果只是为了看清自己的身影，古人为何要花费精力以精美的图像和铭文装饰铜镜的背面？

又或者说，于古人而言，铜镜及其图像和铭文还有怎样的作用呢？

本次展览，以汉代铜镜为切入点，尝试回答这一问题。

0.1 铜鉴

（说明牌内容）

在镜子出现之前，古人以静止的水来照影。至少在商周时期，人们已经使用器皿盛水以映容，铜鉴就是这样的器皿。

甲骨文、金文的"监"字，像一个人向下俯看一个器皿，有自监其容之意，其本意应为照视[1]。当人们用青铜铸造出这种照影用

甲骨文（左）与金文（右）的"监"字[3]

的容器时，在"监"字上加个"金"旁，写作"鑑"或"鉴"，表示它为金属制作[2]。

0.2 仿制铜镜正面

（说明牌内容）

用器皿盛水虽然可以照容，但仍是不太方便。随着青铜铸造与打磨工艺的发展，人们发现经过打磨抛光的青铜也可以反射阳光、映照人影[4]，于是铜镜开始大量出现。

0.3 "观容貌"

（说明牌内容）

此镜铭文中"清朗铜华以为镜，昭察衣服观容貌"之句，明确指出了铜镜的使用功能，即正衣冠、观容貌。

那么，古时的人们是通过何种方式，使铜镜可以映射自己的衣冠与容貌呢？

注释:

[1] 左民安：《细说汉字——1000个汉字的起源于演变》，九州出版社，2005年，第406页。

[2] a. 东汉许慎《说文解字》："鑑，大盆也，一曰鑑诸，可以取明水于月。"清代徐灏《说文解字注笺》："鑑，古祇作监，从皿以盛水也。因其可以照形，而监察之义生焉，其后范铜为之，而用以照形者，亦谓之鑑，声转为镜。"（清）徐灏 撰：《说文解字注笺》十四卷，据上海辞书出版社图书馆藏清光绪二十年徐氏刻民国四年补刻本影印，《续修四库全书》编纂委员会 编：《续修四库全书·二二七·经部·小学类》，上海古籍出版社，2002年，第47页。

b. 春秋战国时期的这类青铜器，有自名为"监"或"鉴"者，如吴王夫差鉴（《通考》图版八七二）自名为"御监"，寿县蔡侯墓出土的春秋晚期吴王光鉴（《蔡侯墓》图版拾伍）自名为"薦鉴"；鉴在文献中又作"滥"，如《吕氏春秋·节丧》："钟鼎壶滥。"可见，监以金为形旁时表示此类器为铜质，以水为形旁时表示此类器为盛水器。朱凤瀚：《中国青铜器综论》，上海古籍出版社，2009年，第311页。

[3] 左民安：《细说汉字——1000个汉字的起源于演变》，九州出版社，2005年，第406页。

[4] 江苏省盱眙县东阳汉墓出土了一件"金之菁"四神博局纹铜镜，有"金之菁，视吾形，见至亲，长思君，时来游，宜子孙，乐无忧兮"的铭文（孔祥星、刘一曼、鹏宇：《中国铜镜图典》修订本，上海古籍出版社，2020年，第377页）。其中"金之菁，视吾形"之句生动地说明了金属可以映照人影。

第一单元　铸 镜

观察水中的人影，是人们认识自己的最初方式。盛满水的器皿，成为了最早的照容用具。

当人们发现经过打磨抛光的金属也可以映射出人影时，一种使用与携带更加方便的新器具，逐渐替代了盛水的器皿。

这，便是铜镜。

只是，铜镜的制作，远比用器皿盛水复杂得多。

1.1　展品1套7件

展品编号	004
图版号	无
展品名称	铜镜模范一组（当代复仿品）
解读对象	整器

展台类型	普通展台

1.1　铸镜模范

〔视频内容〕

铜镜范铸工艺的实验研究

制作石质阴模，并在模上雕刻纹饰

完成纹饰雕刻的阴模

调备范土

在阴模上贴泥片、夯制泥质阳模

阳模（左）与阴模（右）

在阳模上设置浇注道的模

在阳模上翻制泥范	铜镜泥范（带有浇冒道）
将泥范入窑焙烧，成为质地坚硬的陶范	将铜液浇入陶范中
待陶范冷却后，取出铜镜	打磨
抛光	映照效果

录制地：宝鸡市周原博物馆青铜范铸工艺研究所

注：请翻阅至本书第103页序号3，扫二维码进入推文观看完整视频

1.2 铸镜工艺流程

1.2.1 原料

（说明牌内容）

汉代的丹阳郡，是当时有名的产铜区，也是《汉书》中唯一记载设立专职管理铜业的机构"铜官"的地区[1]。

1.2 共6件展品

1.2.1 展品1件

展品编号	005
图版号	图版03
展品名称	"汉有善铜"四神博局纹铜镜
解读对象	铭文："汉有善铜出丹阳，和以银锡清且明"

展台类型	普通展台

1.2.2 展品 1 件

展品编号	006
图版号	图版 04
展品名称	"夌言之始"七乳神兽纹铜镜
解读对象	局部铭文："炼冶铜锡去其宰"

展台类型	普通展台

1.2.3 展品 1 件

展品编号	007
图版号	图版 05
展品名称	"铜华"单圈铭文铜镜
解读对象	局部铭文："以之为镜宜文章"
展台类型	普通展台

1.2.4 展品 1 件

展品编号	008
图版号	图版 06
展品名称	花叶纹铜镜
解读对象	局部纹饰：镜中纹饰的起稿线

展台类型	普通展台

汉镜中"和以银锡清且明""炼冶铜锡去其宰"[2]等铭文，说明其由合金制作而成。据分析，汉代铜镜是铜锡铅合金。

其中，铅可以降低熔点、提高铸造流动性；锡能增加硬度、降低韧性，当含量大于 20% 时，铜镜色泽发白，有更好的照容效果[3]。据检测，战国至唐代铜镜的含锡量多在 20% 以上[4]。

1.2.2 冶炼
（说明牌内容）

镜铭"炼冶铜锡去其宰"中的"宰"，通"滓"[5]，即渣滓，意在说明开采出来后的铜矿石需要入炉冶炼，去除其他杂质。

得益于新石器时代烧制陶器的技术积累，商周时期已经能冶炼出含铜量在 93% 以上的粗铜，炉渣中的含铜量一般都小于 0.7%；至汉代，人们已经使用了木结构皮橐鼓风器，进一步提高了冶炼效率[6]。

1.2.3 模范上刻纹
（说明牌内容）

汉镜中常见"以之为镜宜文章""巧工刻之成文章"[7]的铭文，此处的"文章"应是纹样之意[8]，即指铜镜背面的纹饰；"刻"字则表明了铜镜纹饰的制作方式。

铜镜纹饰的制作，是先在泥质的范（或阴模）上刻出凹下去的阴纹[9]，然后向范的型腔内浇注铜液，铜液凝固后就会在铜镜表面留下凸起的阳纹。

1.2.4 起稿线
（说明牌内容）

这件铜镜表面有一周细浅凸弦纹，且与下垂的叶纹相切。这类凸弦纹为标准的圆形，应为纹饰制作痕迹，即用于确定纹饰布局的起稿线[10]。

多数草叶纹镜不见这类起稿线，或者只留有断断续续的起稿线，这是因为铜镜铸成后需打磨，这些起稿线多被打磨干净。

起稿线

本件展品中的起稿线

陶范上相切于下垂叶纹的起稿线[11]
山东省临淄市出土西汉草叶纹镜陶范

展品编号	009
图版号	图版07
展品名称	四神博局纹铜镜
解读对象	纹饰布局

展台类型	普通展台

1.2.6 展品1件

展品编号	010
图版号	图版08
展品名称	"尚方御竟"四神博局纹铜镜
解读对象	局部铭文："尚方御竟（镜）真大好"

展台类型	普通展台

1.3 无展品

1.2.5 机械制图

（说明牌内容）

汉代铜镜纹饰的制作，已经使用圆规、矩尺划分纹饰布局，体现了机械制图的思想[12]。

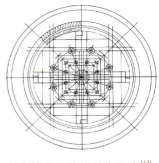

汉代博局纹镜的制作设计[13]

1.2.6 铸镜者

（说明牌内容）

据《后汉书》记载，镜铭中的"尚方"是汉代"掌上手工作御刀剑诸好器物"[14]的机构。

此处镜铭表明该镜为尚方制作[15]，其他汉镜中还有王氏、张氏、杜氏、邹氏、肖氏等铸造者。

1.3 铜镜制作的延伸知识

1.3.1 纹饰的设计与制作

（墙面内容）

中国铜镜纹饰的设计与制作

战国铜镜流行"主纹＋地纹"的风格。主纹的构图一般是中心对称的等分布局，如三等分的三山镜、四等分的四兽镜等。

战国铜镜的地纹看上去细密繁缛，却是由多个相同的独立纹饰单元拼接而成，有些铜镜上可以见到纹饰单元之间的拼接缝。这种制作方式，应该是源于同时期青铜器纹饰的制作[16]。

汉代铜镜虽然摒弃了繁缛的地纹，但主纹构图等分布局的运用得到进一步发展，是机械制图思想的直观体现。据研究，汉代铜镜纹饰的等分布局，基本可以由规、矩（即圆规和曲尺）等工具实现。

唐代以前，铜镜纹饰均为对称式的布局，如中心对称或轴对称；唐代及以后的铜镜纹饰构图，则更趋多元。唐代盘龙纹镜的出现，打破了以往的对称布局；而一些人物故事纹铜镜的纹饰布局，则明显受到了当时绘画的影响。[17]

多个相同纹饰单元的拼接：

战国四兽纹铜镜（局部）
深圳博物馆藏

战国变形兽纹铜扁壶（局部）[18]
美国旧金山亚洲艺术博物馆藏

利用规、矩等工具规划纹饰布局：

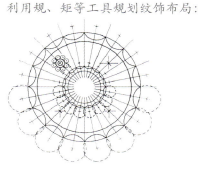
西汉星云纹铜镜的制作设计[19]

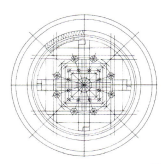
东汉博局纹铜镜的制作设计[20]

不再拘泥于对称布局的纹饰构图：

唐代云龙纹铜镜[21]
陕西历史博物馆藏

唐代竹林七贤纹铜镜[22]
云南省博物馆藏

1.3.2 规、矩与汉镜纹饰布局

（墙面内容）

规矩的使用与汉镜纹饰的等分布局[23]

汉代铜镜背面纹饰的规划，呈现出非常精巧的等分布局。在铜镜背面进行纹饰规划的时候，难度较高的是等分圆周或等分弧的工作，这时就需要运用到规、矩、尺等工具。

规，即圆规；矩，是一种曲尺，可以画直角形和方形。若以规、矩等工具将圆周等分为四、六等分，甚至进一步等分成八、十六或十二、二十四等，可以有哪些方法呢？让我们来尝试做一下。

持规的女娲（左）和持矩的伏羲（右）[24]
山东济宁武氏祠左石室后壁小龛西侧画像石拓片

1. 四等分一个圆周

　　1）先画出圆的一条直径。

　　2）用矩过圆心垂直于第一条直径，画出第二条
直径。

2. 六等分一个圆周

　　1）《周髀算经》："圆中容六觚之一面，与圆
径之半，其数均等。"即圆的内接正六边形的每一
边长与半径相等。

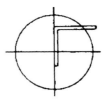

　　2）用规取半径长度，直接在圆周上截取 6 个等
分点。

3. 二等分一个弧形

　　1）假设有一圆，圆心为 O，A、B 分别为圆上两点，有∠AOB。

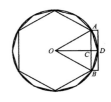

　　2）将矩的一边和∠AOB 的一条线对齐，沿另一边做 OA 的垂线
DC。

　　3）再把矩翻过来做 OB 的垂线 FE，并使 FE 等于 DC。

　　4）FE 与 DC 交于一点 P，连接 OP，并使其延长至弧 AB，交点为 Q。

　　5）OP 为∠AOB 的平分线，Q 为弧 AB 的中点。

　　6）以这种方式可以进一步等分∠AOQ、∠QOB。

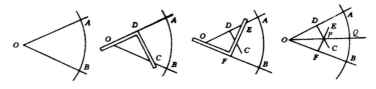

　　以上只是对圆周进行偶数等分的部分方法。但是，汉代铜镜边缘的
连弧纹数量，有些是 3、5、9、15、21 等奇数，甚至还偶见 7、11、13、17、19、23、29
等难以作图的数字。

　　如果您是汉代的制镜工匠，如何利用规、矩、尺等工具，完成上述
数字的圆周等分呢？

注释：

[1] a.《汉书·地理志》载："丹扬郡，故鄣郡。属江都。武帝元封二年更名丹扬。属扬州。户十万七千五百四十一，口四十万五千一百七十一。有铜官。"（东汉）班固 撰，（唐）颜师古 注：《汉书》卷二十八《地理志上》，中华书局，1962 年，第1592 页。

b.《后汉书·郡国志》载："丹阳郡，秦鄣郡，武帝更名。雒阳东二千一百六十里。建安十三年，孙权分新都郡。十六城，户十三万六千五百一十八，口六十三万五百四十五。"（南朝宋）范晔 撰，（唐）李贤 等注：《后汉书》志第二十二《郡国四》，中华书局，1965 年，第3486 页。

c. 古代"扬（揚）""阳（陽）"通假，丹扬郡即丹阳郡。魏嵩山：《西汉丹阳铜产地新考》，《安徽大学学报》（社会科学版）1979 年第 3 期。

d. 关于丹阳铜产地的位置，至少有三种说法：1. 安徽宣城；2. 安徽当涂县；3. 分布于丹阳郡所辖的今属苏浙皖交界的茅山、天目及九华山区。王仲舒：《汉代物质文化略论》，《考古通讯》1956 年第 6 期；裘枕耀：《汉代注明产铜地丹阳考》，《历史研究》1957年第 2 期；魏嵩山：《西汉丹阳铜产地新考》，《安徽大学学报》（社会科学版）1979 年第 3 期。

[2] "和以银锡清且明"铭文见图版 03、图版 54 等镜，"炼冶铜锡去其滓"铭文见图版 04、图版 24 等镜。

[3] a. 随含锡量的增加，锡青铜合金的硬度增加，韧性降低，颜色则由红变黄，当锡大于 20% 时将转白。锡含量在 12%~18% 时的强度为最大，含锡量小于 17% 时的延伸率大于 5%，为塑性材料。另外，在含锡 12%~18% 的锡青铜中加入小于 6% 的铅，总的机械性能降低不多，但可大大降低熔点，提高铸造流动性。吴来明、周亚、廉海萍、丁忠明：《雄奇宝器——古代青铜铸造术》，文物出版社，2008 年，第58 页。

b. 为使镜面发白、质硬，能经研磨、抛光变得明亮，铜镜多采用高锡青铜铸造。当锡含量超过 20% 时，锡青铜中有大量 δ 相（$Cu_{31}Sn_8$）析出，抗拉强度与韧性急剧降低，脆性增加，易生裂纹，因而有时加入一定数量的铅，以调整其性能，实际是使用含铅的锡青铜材质。华觉明：《中国古代金属技术——铜和铁造就的文明》，大象出版社，1999 年，第511~512 页。

[4] 战国铜镜经检验，锡含量集中于 20%~22% 的区间内，铅含量多在 6%~8% 之间；秦代铜镜比战国时期锡含量有增高的趋势，铅或减少，或有增加；汉代铜镜锡含量多数在 22%~25% 之间，铅含量多在 4%~6%之间，至此，铜镜合金配制臻于成熟与稳定，从南北朝到唐代长期沿用不变。华觉明：《中国古代金属技术——铜和铁造就的文明》，大象出版社，1999年，第 512 页。

[5] "宰"是"滓"的同音通用字，其通用类型为通用字是正字的声符。邱龙升：《两汉镜铭文字研究》，中国社会科学出版社，2012 年，第 225 页序号 72。

[6] 吴来明、周亚、廉海萍、丁忠明：《雄奇宝器——古代青铜铸造术》，文物出版社，2008 年，第 54、56 页。

[7] "巧工刻之成文章"铭文，见图版 48。

[8] a.《说文》："文，错画也。"即色彩交错的图案，此即"文"的本义。蔡连章：《古文字基础》，百家出版社，2006 年，第 218 页。b."章"字像以辛（刻刀）刻画物体产生花纹之形，由本义以辛刻物引申出图案、花纹、标记、显现等义项。古敬恒、李荣刚：《"章"字臆解》，《绥化师专学报》1997 年第 4 期；刘益明：《"章"字新解》，《时代文学（下半月）》2010 年第 5 期。

[9] a. 董亚巍、董子俊认为，制作镜范大致有以下步骤：1. 在泥坯或滑石上刻划出铜镜形状与纹饰，此为铜镜

的原始模；因该模上的纹饰为凹下去的阴纹，因此称为阴模。2. 在阴模上夯入泥料，翻制出泥模，因该模上的纹饰为凸出的阳纹，因此称为阳模；泥质阳模经阴干、焙烧后成为陶质阳模。3. 在陶质阳模上夯入泥料，翻制出泥范，经阴干、焙烧后成为陶范。董亚巍：《论古代铜镜制模技术的三个历程》，《收藏家》2004 年第 2 期；董子俊 编：《范铸工艺》，北京艺术与科学电子出版社，2016 年，第 111~114 页。

b. 杨勇、白云翔通过观察临淄齐国故城出土的汉代镜范表面的痕迹，结合当地所出同类镜背范中未发现型腔大小和纹饰完全一样或大致相同的所谓"同模范"，认为临淄齐故城汉代镜范纹饰的制作是以在镜范上直接刻制的方法为主。杨勇、白云翔：《临淄齐故城镜范与汉代铸镜技术》，《中原文物》2020 年第 1 期。

[10] 深圳市文物管理办公室、深圳博物馆、深圳市文物考古鉴定所 编：《镜涵春秋——青峰泉、三镜堂藏中国古代铜镜》，文物出版社，2012 年，第 49 页。

[11] 白云翔、[日] 清水康二：《山东省临淄齐国故城汉代镜范的考古学研究》，科学出版社，2007 年，图版六 5。

[12] 董亚巍：《范铸青铜》，北京艺术与科学电子出版社，2006 年，第 135~141 页。

[13] 董亚巍：《范铸青铜》，北京艺术与科学电子出版社，2006 年，图 76。

[14] （南朝宋）范晔 撰，（唐）李贤 等注：《后汉书》志第二十六《百官三》，中华书局，1965 年，第 3596 页。

[15] a. "尚方"是汉代为皇室制作御用物品的官署，属少府。尚方铭文铜镜为御制镜，质量上乘，纹饰精美。当时，民间有很多工匠假借尚方制镜的名义作镜，相比而言质量粗糙。蚌埠市博物馆 编著：《蚌埠市博物馆铜镜集萃》，文物出版社，2014 年，第 52 页。

b. 有些汉镜铭文甚至有模仿尚方铜镜的内容，如宝鸡青铜器博物院收藏的一件"悬璧"六乳四神纹铜镜的铭文："悬璧作竟（镜）法尚方，湅（炼）合铜锡明而光，巧工刻之成文章，左龙右虎辟不羊（祥），朱鸟玄武顺阴阳，子孙烦（繁）息富贵昌，寿敌金石乐未央。"悬璧应该也是制镜作坊的招牌名。宝鸡青铜器博物院 编：《对镜贴花黄——宝鸡青铜器博物院典藏铜镜精粹》，三秦出版社，2014 年，第 72 页。

[16] 董亚巍：《范铸青铜》，北京艺术与科学电子出版社，2006 年，第 128~132 页。

[17] 黄诗金：《略论中国铜镜纹饰构图与描绘手法的演变》，《草原文物》2013 年第 2 期。

[18] 中国青铜器全集编辑委员会 编：《中国青铜器全集》第 7 卷，文物出版社，1998 年，图 121。

[19] 董亚巍：《范铸青铜》，北京艺术与科学电子出版社，2006 年，图 75。

[20] 董亚巍：《范铸青铜》，北京艺术与科学电子出版社，2006 年，图 76。

[21] 中国青铜器全集编辑委员会 编：《中国青铜器全集》第 16 卷，文物出版社，1998 年，图 167。

[22] 中国青铜器全集编辑委员会 编：《中国青铜器全集》第 16 卷，文物出版社，1998 年，图 160。

[23] 本部分内容与相关图片参见：冯立昇、王纲怀：《汉镜中的数学问题——汉镜连弧数字与作图研究》，《汉镜文化研究》（上册），北京大学出版社，2014 年，第 275~287 页。

[24] 中国画像石全集编辑委员会 编：《中国画像石全集》第 1 卷，山东美术出版社，2000 年，图 80。

第二单元　饰　镜

　　在铸镜的过程中，相较于铜镜正面的映照效果，在铜镜背面装饰繁缛的图像和铭文，难度更大。

　　如此费尽心思地装饰铜镜背面，难道只是单纯地为了审美？又或者说，镜背的图像和铭文，是古人心中观念和愿景的反映？

　　汉代铜镜都装饰了哪些题材，又映照出汉代人心中哪些观念或愿景？

2.1　共11件展品	2.1　时代风格
2.1.1　无展品	2.1.1　战国铜镜

（展板内容）

战国铜镜

　　战国铜镜为主纹加地纹的"两层花"风格。地纹多为羽状纹、云雷纹，繁密细致；主纹则有几何纹、动植物纹、人物纹等，在地纹的映衬下，显得繁缛复杂、神秘诡谲。

　　几何纹中常见的有山字纹、菱形纹，图像含义晦涩难懂；动物纹中以蟠龙、凤鸟等神话动物为主，身躯蟠绕、面目狰狞。

几何纹：　　　　　　　动物纹：　　　　　　　人物纹：

战国山字纹铜镜[1]　　　战国三龙纹铜镜[3]　　　战国狩猎纹铜镜[5]

战国菱形纹铜镜[2]　　　战国四凤纹铜镜[4]

2.1.2.1　展品 1 件

展品编号	011
图版号	图版 09
展品名称	四猿十二蟠龙纹铜镜
解读对象	全器

展台类型	普通展台

2.1.2.2　展品 1 件

展品编号	012
图版号	图版 10
展品名称	四虎草叶博局纹铜镜
解读对象	全器

展台类型	普通展台

2.1.2.3　展品 1 件

展品编号	013
图版号	图版 11
展品名称	星云纹铜镜
解读对象	全器

展台类型	普通展台

2.1.2　汉代铜镜

2.1.2.1　汉初铜镜

（说明牌内容）

这是一件西汉初期的铜镜[6]。汉初的铜镜延续了战国铜镜的风格，比如镜钮，皆为弦纹钮，以三道弦纹居多；又如纹饰，为典型的地纹加主纹的"两层花"风格，主纹多为身躯蟠绕、面目狰狞的怪兽。

2.1.2.2　草叶纹铜镜

（说明牌内容）

草叶纹镜的出现，标志着汉镜自身风格的确立[7]，弦纹钮、"两层花"等战国特征，被半球形钮、无地纹等风格取代。

草叶纹镜流行于西汉早中期，即文帝、景帝与武帝时期[8]。此时社会安定，人们的注意力从鬼怪幻想转向现实生活，这或许是以草叶装饰铜镜的原因[9]。

2.1.2.3　星云纹铜镜

（说明牌内容）

星云纹镜出现于西汉武帝时期，流行于昭帝、宣帝时期[10]。镜背装饰有大量乳钉，其间以弧线连接，形似星象与云气。

从纹饰的演变关系看，所谓"星云"是由西汉蟠龙纹镜中的蟠龙逐渐抽象而来，小乳钉系蟠龙的骨节变幻，云纹则为蟠龙身躯的化身[11]。

西汉蟠龙纹铜镜的蟠龙纹[12]　　西汉星云纹镜中可见屈膝的足部与三爪[13]

展品编号	014
图版号	图版 12
展品名称	"精白""昭明"重圈铭文铜镜
解读对象	全器

展台类型	普通展台

2.1.2.5 展品 1 件

展品编号	015
图版号	图版 13
展品名称	"作佳竟"四神禽兽博局纹铜镜
解读对象	全器

展台类型	普通展台

2.1.2.6 展品 1 件

展品编号	016
图版号	图版 14
展品名称	四乳四神禽兽纹铜镜
解读对象	全器

展台类型	普通展台

2.1.2.4 铭文铜镜
（说明牌内容）

以纯文字为装饰的铭文镜，流行于西汉武帝及之后的西汉中晚期[14]，包括单圈铭文与重圈铭文两种装饰风格。铭文内容多为"见日之光""昭明""精（清）白""铜华"等，意在表达铜镜表面良好的光洁程度。

也有学者认为，如"洁精白而事君"之类的铭文，借铜镜洁白的外表比喻汉代女子侍奉夫君的婚恋观[15]。

2.1.2.5 博局纹铜镜
（说明牌内容）

博局纹镜的构图来自于六博棋局[16]，镜中的 T、L、V 符号是棋盘中作为行棋的曲道[17]，西汉早中期的部分蟠螭纹镜、草叶纹镜中已有这类纹饰[18]。但以神兽为主纹的博局纹镜，则主要流行于西汉晚期至东汉中期[19]。

六博棋自战国已出现，秦汉时较为流行[20]。有学者指出，六博棋局的图形体现了秦汉时期人们观念中的宇宙模式[21]。

而汉代文献和铜镜铭文中"设张博具，歌舞祠西王母"[22]"刻镂博局去不祥"[23]等句，也暗指六博似乎有着某种神化功能。

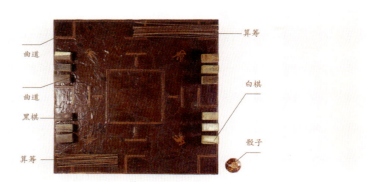

长沙马王堆三号西汉墓出土的六博棋具[24]

2.1.2.6 四乳铜镜
（说明牌内容）

汉镜中有一类铜镜，装饰若干个乳钉并在其间绘有四神、羽人、神兽等纹饰，乳钉数量从四个至八个不等。其中四乳镜流行于西汉晚期至东汉中期[25]。

博局纹镜和四乳镜的纹饰以神人神兽为主，奠定了汉镜新的装饰风格。自此，神人、神兽等纹饰成为汉镜的主要纹饰，一直延续至三国两晋时期。

2.1.2.7 展品 1 件

展品编号	017
图版号	图版 15
展品名称	"宜子孙"七乳神兽纹铜镜
解读对象	全器

展台类型	普通展台

2.1.2.8 展品 1 件

展品编号	018
图版号	图版 16
展品名称	胡汉交战画像纹铜镜
解读对象	全器

展台类型	普通展台

2.1.2.7　多乳铜镜

（说明牌内容）

多于四个乳钉的铜镜一般称为多乳镜，主要流行于东汉中晚期[26]，纹饰区内有五至八个乳钉，其中以七乳居多。

2.1.2.8　画像纹铜镜

（说明牌内容）

画像纹镜流行于东汉中晚期[27]，呈扁平浮雕状的纹饰是其鲜明特征，整体质感近似于汉代画像石、画像砖，纹饰主题仍是神人神兽等。

此件画像镜通过四幅图，呈现了一个关于胡汉交战的完整故事，表达了人们对国家安宁昌盛的向往。

第一图有"胡王"榜题，胡王头戴尖顶风帽、高鼻深目，身前有三人下跪，似在汇报战况。

第二图是交战场景，胡兵被汉兵追赶，正向胡王大营逃窜。

第三图为献俘仪式，有"秦将军"榜题，秦将军头戴冠帽、端坐席上，有一俘虏双手反绑、低头而跪，另有四个戴尖顶风帽的胡兵人头。

第四图有一女子脚踏盘鼓、翩翩起舞，描绘了战争胜利后的庆祝场面。

第一图

第二图

第三图

第四图

2.1.2.9 展品1件

展品编号	019
图版号	图版 17
展品名称	神人神兽纹铜镜
解读对象	全器

展台类型	普通展台

2.1.2.10 展品1件

展品编号	020
图版号	图版 18
展品名称	"吾作明竟"重列式神人神兽纹铜镜
解读对象	全器

展台类型	普通展台

2.1.2.11 展品1件

展品编号	021
图版号	图版 19
展品名称	龙虎对峙纹铜镜
解读对象	全器

展台类型	普通展台

2.1.3 无展品

2.1.2.9 半圆方枚式铜镜
（说明牌内容）

东汉中晚期南方地区流行一种神兽纹镜[28]，主纹区外有一圈以半圆、方枚相间装饰，方枚内有一、二或四字铭文。学界一般称这类铜镜为半圆方枚镜。

2.1.2.10 重列式铜镜
（说明牌内容）

重列式镜主要流行于东汉晚期，其主题纹饰由上而下以轴对称方式排列。上下分为三段[29]或五段[30]，列置了各类神人神兽，反映了当时人们心目中原始道教的神仙谱系[31]。

2.1.2.11 龙虎纹铜镜
（说明牌内容）

龙虎纹镜主要流行于东汉晚期[32]，主纹一般是龙虎对峙，也有学者认为有些是天禄或辟邪[33]，主纹间饰以鸟兽、羽人等。

2.1.3 唐宋元明清铜镜
（展板内容）

唐宋元明清的铜镜

唐宋元明清的铜镜纹饰，逐渐向世俗审美转变，充满了对美好生活的向往，散发出浓郁的生活气息。

这一时期，人物故事、亭台楼阁、珍禽异兽、花鸟鱼虫、银钱杂宝、商标及吉祥语皆可作为铜镜装饰，展现给世人的多是现实生活题材，亲切、真实。

花卉动物纹：　　　　　人物纹：　　　　　吉祥语：

唐代宝相花纹铜镜[34]

南宋蹴鞠纹铜镜[37]

明代"五子登科"铜镜[39]

唐代双鸾纹铜镜[35]

明代人物多宝纹铜镜[38]

唐代瑞兽葡萄纹铜镜[36]

2.1.4 小结
（展板内容）

时代风格

因缺乏充分的文献材料,战国时期的铜镜纹饰难以解读、颇显神秘;唐宋元明清的铜镜纹饰,更像在彰显现实生活中的美好富足。

不同于唐以后的铜镜直观反映世俗生活,汉镜纹饰以神人神兽居多;又因文献和其他材料充足,较之于战国铜镜,汉镜纹饰更易被今人解读。

汉镜的图像与铭文,至少有五类题材:对宇宙模式的认知、可以避邪祈祥的神兽、幻想不死长生的升仙思想、对神仙世界的描绘和对世间美好生活的向往。

注释:

[1] 中国青铜器全集编辑委员会 编：《中国青铜器全集》第 16 卷，文物出版社，1998 年，图 26。

[2] 中国青铜器全集编辑委员会 编：《中国青铜器全集》第 16 卷，文物出版社，1998 年，图 29。

[3] 中国青铜器全集编辑委员会 编：《中国青铜器全集》第 16 卷，文物出版社，1998 年，图 10。

[4] 中国青铜器全集编辑委员会 编：《中国青铜器全集》第 16 卷，文物出版社，1998 年，图 13。

[5] 中国青铜器全集编辑委员会 编：《中国青铜器全集》第 16 卷，文物出版社，1998 年，图 35。

[6] 汉代的这类铜镜，学界一般称为蟠螭纹镜，也有称为蟠虺纹镜、龙纹镜，是在战国时期同类镜基础上发展起来的镜类，是汉代初期至中期流行的镜种。程林泉、韩国河：《长安汉镜》，陕西人民出版社，2002 年，第 46 页。

[7] 草叶纹镜是早期汉式镜中的一大新的重要镜群，完全摆脱了以往以地纹衬托主纹的形式，着重设计主纹。邓秋玲：《论长沙西汉墓出土的草叶纹铜镜》，《收藏家》2007 年第 12 期，第 53 页。

[8] a. 程林泉、韩国河：《长安汉镜》，陕西人民出版社，2002 年，第 63~66 页。b. 邓秋玲：《论长沙西汉墓出土的草叶纹铜镜》，《收藏家》2007 年第 12 期，第 58 页。

[9] a. 汉初，为了从战乱中求得经济的稳固发展，"清静无为"的思想深入人心。到文景时期，人民的思想开始从过颠沛流离的生活以及崇尚神仙鬼怪的幻想中脱离出来，去真正领悟来自生活生产的现实乐趣。与此相对应，铜镜的装饰简化过去繁缛神秘的蟠螭纹图案，用大自然的花叶和草叶来装饰新的铜镜艺术。程林泉、韩国河：《长安汉镜》，陕西人民出版社，2002 年，第 66 页。

b. 也有人认为草叶纹应为麦穗纹或谷穗纹，与文景两帝以农为本、连续下诏"劝农桑"有关。王纲怀：《应将西汉草叶纹镜更名为谷穗纹镜》，《中国收藏》2021 年第 11 期。

[10] 程林泉、韩国河：《长安汉镜》，陕西人民出版社，2002 年，第 76 页。

[11] a. 孔祥星、刘一曼：《中国古代铜镜》，文物出版社，1984 年，第 65 页。b. 程林泉、韩国河：《长安汉镜》，陕西人民出版社，2002 年，第 69、76、77 页。c. 徐征：《略论西汉星云纹镜》，《四川教育学院学报》2009 年第 4 期，第 60~62 页。

[12] 深圳市文物管理办公室、深圳博物馆、深圳市文物考古鉴定所 编：《镜涵春秋——青峰泉、三镜堂藏中国古代铜镜》，文物出版社，2012 年，图 39。

[13] 深圳市文物管理办公室、深圳博物馆、深圳市文物考古鉴定所 编：《镜涵春秋——青峰泉、三镜堂藏中国古代铜镜》，文物出版社，2012 年，图 40。

[14] "日光"镜出现于武帝初年，流行于西汉中晚期及王莽时期，个别晚到东汉早期；"昭明"镜出现于西汉中期的晚段（昭宣时期），流行于西汉晚期及王莽时期，东汉早期以后消失；"清（精）白"镜出现于西汉中期偏晚，多见于西汉晚期；"铜华"镜的时代多在西汉晚期；重圈铭文镜的内圈铭文多为"见日之光""昭明"，外圈铭文多为"清（精）白""铜华"或"皎光"，出现于西汉中期，常见于西汉晚期。程林泉、韩国河：《长安汉镜》，陕西人民出版社，2002 年，第 104 页、第 116~117 页、第 120 页、第 121 页、第 126 页。

[15] 李零：《读梁鉴藏镜四篇——说汉镜铭文中的女性赋体诗》，《中国文化》2012 年第 2 期。

[16] a. 傅举有：《论秦汉时期的博具、博戏兼及博局纹镜》，《考古学报》1986 年第 1 期，第 37 页。b. 周铮：《"规矩镜"应改称"博局镜"》，《考古》1987 年第 12 期，第 1116~1117 页。

[17] 傅举有：《论秦汉时期的博具、博戏兼及博局纹镜》，《考古学报》1986 年第 1 期，第 29 页。

[18] a. 本书的图版 10。b. 孔祥星、刘一曼、鹏宇：《中国铜镜图典》（修订本），上海古籍出版社，2020 年，第 199~201 页、第 257~264 页。

[19] a. 程林泉、韩国河：《长安汉镜》，陕西人民出版社，2002 年，第 137 页。b. 陈静：《汉代两京地区出土博局纹镜浅析》，郑州大学硕士学位论文，2006 年，第 68~69 页。

[20] 黄儒宣：《六博棋局的演变》，《中原文物》2010 年第 1 期。

[21] a. 李学勤指出"规矩纹"有宇宙论性质，体现了阴阳四

时五行学说。李学勤：《〈博局占〉与规矩纹》，《文物》1997 年第 1 期，第 51 页。b. 李零认为式盘、日晷都可能是博局的源头，这三者均来自中国古代的宇宙模式。李零：《跋中山王墓出土的六博棋局——与尹湾〈博局占〉的设计比较》，《中国历史文物》2002 年第 1 期，第 14 页。

[22] （东汉）班固 撰，（唐）颜师古 注：《汉书》卷二十七《五行志下》，中华书局，1962 年，第 1476 页。

[23] 王春法 主编：《镜里千秋——中国古代铜镜文化》，北京时代华文书局，2021 年，第 231 页。

[24] 湖南省博物馆 编：《长沙马王堆汉墓陈列》，中华书局，2017 年，第 115 页。

[25] a. 孔祥星、刘一曼：《中国古代铜镜》，文物出版社，1984 年，第 74 页。b. 程林泉、韩国河：《长安汉镜》，陕西人民出版社，2002 年，第 86 页。c. 徐征：《西北地区出土汉代铜镜初步研究》，郑州大学硕士学位论文，2009 年，第 33 页。

[26] a. 孔祥星、刘一曼：《中国古代铜镜》，文物出版社，1984 年，第 83~86 页。b. 徐征：《西北地区出土汉代铜镜初步研究》，郑州大学硕士学位论文，2009 年，第 53 页。

[27] a. 孔祥星、刘一曼：《中国古代铜镜》，文物出版社，1984 年，第 101 页。b. 杨玉彬：《汉神兽画像镜中的西王母演变——兼论神兽画像镜流行的年代关系》，《收藏家》2006 年第 9 期，第 60~61 页。

[28] a. 孔祥星、刘一曼：《中国古代铜镜》，文物出版社，1984 年，第 96 页。b. 李军：《神兽镜相关问题研究》，《南方文物》2000 年第 2 期，第 32 页。c. 杨玉彬：《汉神兽画像镜中的西王母演变——兼论神兽画像镜流行的年代关系》，《收藏家》2006 年第 9 期，第 59 页。

[29] 三段式神人神兽纹镜主要出土于四川和陕西，见于东汉晚期的墓葬，也有观点认为这类铜镜流行于 2 世纪中叶与后半叶，在 3 世纪前半叶走向终结。a. 乔文杰：《馆藏三段式神人纹铜镜图像考》，《深圳文博论丛·二〇一〇年》，文物出版社，2010 年，第 179 页。b. [日] 森下章司：《东汉三段式神仙镜与五斗米道》，《汉镜文化研究》（上册），北京大学出版社，2014 年，第 240 页。

[30] 部分五段重列式铜镜的镜铭有纪年，如"建安""黄龙""嘉禾""永安"，为东汉晚期至三国吴。孔祥星、刘一曼、鹏宇：《中国铜镜图典》（修订本），上海古籍出版社，2020 年，第 567~573 页。

[31] a. 管维良：《汉魏六朝铜镜中神兽图像及有关铭文考释》，《江汉考古》1983 年第 3 期，第 85~88 页。b. 杨玉彬：《阜阳汉代铜镜研究》，合肥工业大学出版社，2017 年，第 216~217 页。

[32] a. 孔祥星、刘一曼：《中国古代铜镜》，文物出版社，1984 年，第 103 页。b. 程林泉、韩国河：《长安汉镜》，陕西人民出版社，2002 年，第 152 页。

[33] a. 2011 年 4 月杭州市余杭区星桥镇里山东汉墓（M8）出土了一件铜镜。镜钮外饰两只张口相向、交尾一体的有翼神兽，形象基本相同，龙首、曲身、体生翼、长尾卷曲。一只头生双角，躯体较长；一只头生独角，躯体稍小；角均朝后倾斜。两兽头部中间有榜题"天禄"。刘卫鹏：《东汉"天禄"铜镜的发现与探讨》，《文物》2016 年第 3 期。

b. 有些铜镜上有"辟邪配天禄，奇兽并□出兮"的铭文，钮座外亦饰两只张口相向的神兽，均独角，一兽的长角向后，一兽的长角向前。深圳市文物管理办公室、深圳博物馆、深圳市文物考古鉴定所 编：《镜涵春秋——青峰泉、三镜堂藏中国古代铜镜》，文物出版社，2012 年，第 211、213 页。王士伦 编：《浙江出土铜镜》，文物出版社，1987 年，第 11 页、图 92。

[34] 中国青铜器全集编辑委员会 编：《中国青铜器全集》第 16 卷，文物出版社，1998 年，图 164。

[35] 中国青铜器全集编辑委员会 编：《中国青铜器全集》第 16 卷，文物出版社，1998 年，图 142。

[36] 中国青铜器全集编辑委员会 编：《中国青铜器全集》第 16 卷，文物出版社，1998 年，图 136。

[37] 中国青铜器全集编辑委员会 编：《中国青铜器全集》第 16 卷，文物出版社，1998 年，图 177。

[38] 中国青铜器全集编辑委员会 编：《中国青铜器全集》第 16 卷，文物出版社，1998 年，图 205。

[39] 中国青铜器全集编辑委员会 编：《中国青铜器全集》第 16 卷，文物出版社，1998 年，图 209。

2.2 共10件展品

2.2.1 展品1件

展品编号	022
图版号	图版 20
展品名称	星云纹铜镜
解读对象	全器

展台类型	斜面展台

2.2.2 展品2件

展品编号	023
图版号	图版 21
展品名称	七乳四神纹铜镜
解读对象	镜缘纹饰：四神

青龙　白虎

朱雀　玄武

展品编号	024
图版号	图版 22
展品名称	四神博局纹铜镜
解读对象	镜内区纹饰：四神

青龙　白虎

朱雀　玄武

展台类型	斜面展台

2.2 宇宙[1]

2.2.1 星云图像

（斜面展台内容）

今人称之"星云纹"，因这类铜镜的背面纹饰状似星宿和云气[2][3]。

星云纹镜流行于西汉董仲舒提出"天人感应"学说以后[4]，阴阳五行、谶纬学说盛行的时代[5]。"天垂象，见吉凶，圣人象之"[6]，天象成为了预示吉凶的重要征兆[7]。

也有学者认为镜背的"星云纹"是由螭龙纹转变而来的[8]，而龙也与天象关联密切，如四象或四神之一就是东方青龙。

无论哪种观点更接近于史实，都说明此类铜镜纹饰的寓意与宇宙、天文相关，而"法天象地"正是镜背图案布局的重要理念[9]。

（展板内容）

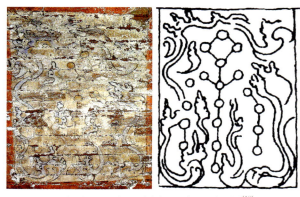

汉代星云图壁画（左）及线图（右）[10]
河南宜阳新莽壁画墓中室南坡出土

2.2.2 四神与时空、阴阳五行

（斜面展台内容）

青龙、朱雀、白虎、玄武的四神体系，至战国秦汉时已基本定型[11]，是古人时空观念的图像化表达。

中国传统天文学将天赤道附近的星空划分为四宫二十八星宿，分别由四象统辖[12]。古人观测天象，以诸星组成的图像貌似何物，便以该物命名四象[13]，这是四神图像具有方位意义的原因。

古人通过观测星象、日影等在方位上的变化，确定四季与节气[14]，以指导农业生产[15]。空间与时间的紧密关联[16]，为四神赋予了时间上的内涵。

随着阴阳五行学说的融入，四神又与五行、五色相对应[17]。

西汉二十八星宿图壁画[18]
陕西省西安市西安交通大学西汉晚期墓葬主墓室顶部出土

四神分别与空间、时间、阴阳五行的对应关系

四神	空间		时间		天干地支		阴阳五行	
	星宿	方位	四季	月	十天干	十二地支	五行	五色
青龙	角、亢、氐、房、心、尾、箕	东	春	孟春	甲乙	寅	木	青
				仲春		卯		
				季春		辰		
朱雀	井、鬼、柳、星、张、翼、轸	南	夏	孟夏	丙丁	巳	火	赤
				仲夏		午		
				季夏		未		
白虎	奎、娄、胃、昴、毕、觜、参	西	秋	孟秋	庚辛	申	金	白
				仲秋		酉		
				季秋		戌		
玄武	斗、牛、女、虚、危、室、壁	北	冬	孟冬	壬癸	亥	水	黑
				仲冬		子		
				季冬		丑		

注：季夏，位在中央、五行属土、五灵为麒麟。

2.2.3 展品2件

展品编号	025
图版号	图版23
展品名称	"尚方御竟"四神博局纹铜镜
解读对象	局部铭文："左龙右虎辟不祥，朱鸟玄武调阴阳"

展品编号	026
图版号	图版24
展品名称	"泰言之纪"四神博局纹铜镜
解读对象	局部纹饰与铭文：四神、博局纹、十二地支铭

青龙　白虎
朱雀　玄武

展台类型	斜面展台

2.2.3 四神与十二地支、博局

（斜面展台内容）

汉镜中"左龙右虎辟不祥，朱鸟玄武顺阴阳，子孙备具居中央"的铭文，显示四神图像具有顺应天时、庇佑世人等意涵。

同时，四神与十二地支、博局纹在汉镜中有明显的组合关系[19]。比如四神与地支的方位关系较为固定，东西南北分别对应卯、酉、午、子；又如博局镜的镜钮孔通常呈子-午或卯-酉方向。

而博局纹T、L、V符号与十二地支的组合，有学者认为可能构成了二绳、四钩、四维、八纮的宇宙模式[20]。

子午、卯酉为二绳，丑寅、辰巳、未申、戌亥为四钩，东北为报德之维、东南为常羊之维，西南为背羊之维、西北为蹏通之维。[21]

——《淮南子·天文训》

《淮南子·天文训》所载宇宙模式的图示 [22]

2.2.4 展品1件

展品编号	027
图版号	图版 25
展品名称	"吾作明竟"四兽衔巨纹铜镜
解读对象	局部纹饰：衔巨的神兽

展台类型	斜面展台

2.2.5 展品1件

展品编号	028
图版号	图版 26
展品名称	四神博局纹铜镜
解读对象	局部纹饰：蛇、龟

展台类型	斜面展台

2.2.4 衔巨
（斜面展台内容）

这件铜镜中有四个神兽，口中衔有尺状物。

通过有些汉镜上的"天禽衔持，维刚大吉"[23]、"天禽四首，衔持维刚"[24]、"身有文章口衔巨"[25] 等铭文，可知此类物品名为"持"或"巨"（"巨"通"矩""钜"），是维系天地四维之物，象征宇宙的四隅[26]。

东汉钱树上衔矩的龙（线图）[27]
云南昭通东汉崖墓出土

2.2.5 四神的北宫
（斜面展台内容）

四象的北宫神兽，最初为鹿，后来才是玄武[28]。"玄武"是龟蛇合体的神兽，"玄"指黑色，"武"指龟甲、蛇鳞，有如武者的盔甲[29]。

有学者认为，北宫神兽的变化，与古人对北宫的危宿（系北宫主宿）在图像理解上的变化有关[30]。在被玄武取代了北宫位置后，鹿被转配中央，在四神的基础上形成了五灵。

文献中的五灵，位在中央、五行属土、五色为黄的动物一般是麒麟[31]。"麒麟"也作"骐驎"[32]，从字形上看，麒麟的形象或与鹿、马有关[33]。

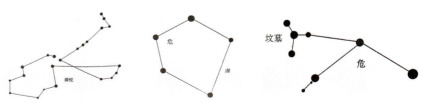

左图：危、虚以北天区名为"腾蛇"的星官，有 22 颗星，形状似蛇[34]。
中图：危宿三星与虚宿二星，形状似龟[35]。
右图：危宿三星与其附座坟墓三星，形状似鹿[36]。

春秋时期铜镜中的四神，其中以鹿为北宫神兽[37]
河南三门峡虢国墓地出土的春秋鸟兽纹铜镜

2.2.6 展品 3 件

展品编号	029
图版号	图版 27
展品名称	玄武钮座四乳四神纹铜镜
解读对象	局部纹饰：蟾蜍与龟（单体的玄武）

展品编号	030
图版号	图版 28
展品名称	"尚方佳竟"四神博局纹铜镜
解读对象	局部纹饰：白虎与月（月中有蟾蜍），青龙与日（日中有金乌）

展品编号	031
图版号	图版 29
展品名称	"陈萌作竟"龙虎纹铜镜
解读对象	局部纹饰：龙虎对峙

展台类型	斜面展台

2.2.6 阴阳

（斜面展台内容）

铜镜纹饰一般根据阴阳五行的属性来设计可与四神相配的动物。例如蟾蜍，属水、位在北方，铜镜中常以之与玄武相配。

月中的蟾蜍与奔兔　　日中的金乌
长沙马王堆一号西汉墓出土T形帛画（局部线图）[39]

然而，这种配对关系并非完全固定。比如蟾蜍又为月精[38]，铜镜中常将蟾蜍绘入一圆轮中以表月亮，与白虎相配。与之相应的是，在一圆轮中绘金乌以示太阳，与青龙相配。

日月是阴阳的本源[40]。以日月配龙虎，表明龙虎与阴阳相关。东汉魏伯阳《周易参同契》载："四者混沌，列为龙虎。龙阳数奇，虎阴数偶。"[41] 龙虎相对，或许还有龙虎交媾、阴阳相合之意[42]。

（展板内容）

《性命圭旨》（成书于宋明）中的龙虎交媾图[43]，右上角的"龙呼于虎，虎吸龙精"之句，源自《周易参同契》[44]

2.2.7 小结

（展板内容）

宇宙

在"天人感应"观念的影响下，铜镜纹饰中糅合了时空与阴阳五行题材，反映了当时人们对宇宙模式的一种认知。

"圣人之作镜兮，取气于五行……以视玉容兮，辟去不羊（祥）"[45]，"造作明竟（镜），幽涑三商，上应星宿，辟去不羊（祥）"[46]，这类镜铭或许能解释铜镜上为何要装饰这类图像，即为人们辟去各种不祥。

注释：

[1] 在古人观念中，宇宙即时空。如西汉《淮南子·齐俗训》："往古今来谓之宙，四方上下谓之宇。"刘文典撰，冯逸、乔华点校：《淮南鸿烈集解》，中华书局，1989年，第435页。

[2] a.孔祥星、刘一曼：《中国古代铜镜》，文物出版社，1984年，第65页。b.刘宁：《铜镜知识三十讲》，荣宝斋出版社，2004年，第14页。

[3] a.宋人称此类镜为"百乳鉴"或"素乳鉴"，将其与四乳镜、七乳镜同列为"枚乳门"。（宋）王黼编纂，牧东整理，《重修宣和博古图》卷二十九，广陵书社，2010年，第581~583页。b.现在也有一些著作沿用《博古图》之名称，为"百乳镜"，或者连称为"星云百乳镜"。孔祥星、刘一曼：《中国古代铜镜》，文物出版社，1984年，第64页。

[4] a.根据西安地区与星云纹铜镜伴出的墓葬材料，程林泉、韩国河认为星云纹铜镜的开始制作年代在元狩五年（公元前118年）前后。程林泉、韩国河：《长安汉镜》，陕西人民出版社，2002年，第76页。

b.汉武帝曾下诏举贤良问对，董仲舒与其就治国根本方略进行过三次问对，史称"天人三策"，后载于《汉书·董仲舒传》中。董仲舒以儒家学说为本，融合道家、阴阳家等诸家思想而阐述的"天人关系"学说，顺应了当时统治阶层的需要，"天人三策"就是董仲舒思想的一个集中体现。高斌：《董仲舒〈天人三策〉的学术思想意义》，《忻州师范学院学报》2015年第4期，第15页。

c.关于"天人三策"的时间，存在建元元年（公元前140年）、建元五年（公元前136年）、建元六年（公元前135年）六月至九月、建元六年六月至元光元年（公元前134年）十一月、元光元年二月、元光元年五月、元光二年至四年（公元前133～公元前131年）、元光五年（公元前130年）、元朔五年（公元前124年）等观点（刘晨亮、米治鹏：《董仲舒〈天人三策〉时间考辨》，《扬州教育学院学报》2021年第3期）。但无论何种观点，其时间均早于元狩五年（公元前118年）。

[5] a."谶"是神的预言，谶书是一种占验吉凶的书；"纬"是针对"经"而言的，纬书的产生是依傍经义，其实质是神学迷信、阴阳五行说与经义的结合。汉代的谶纬都是儒学宗教化的产物，谶纬比附经传，依托孔子，其实质则是神学迷信。钟肇鹏：《谶纬论略》，辽宁教育出版社，1991年，第1、2、8页。

b.董仲舒以儒家思想为核心，在天学上吸取了阴阳五行的神秘思想；在人学上以儒学的伦理、政治思想为中心，又吸取了法家驾驭臣下及统治人民的方法；在哲学上建立了天人感应的神学目的论；在儒学发展史上，形成汉代儒学的新体系。谶纬作为汉代儒学的一个重要组成部分，在西汉末年形成一股社会思潮，到了东汉盛极一时，与经学平起平坐，居于统治地位。从哲学上讲，谶纬就是作为汉代统治思想宣传的神学世界观。钟肇鹏：《谶纬论略》，辽宁教育出版社，1991年，第1页。

[6]《汉书·五行志》载："〈易〉曰：'天垂象，见吉凶，圣人象之；河出图，洛出书，圣人则之。'……汉兴，承秦灭学之后，景、武之世，董仲舒治〈公羊春秋〉，始推阴阳，为儒者宗。"（东汉）班固撰，（唐）颜师古注：《汉书》卷二十七《五行志上》，中华书局，1962年，第1315、1317页。

[7] 两汉时期，以"天人感应"学说为理论基础的灾异祥瑞观念由社会思潮转变为政治理念。人们通过自然界和人类社会的某些少见、怪异、灾害现象，来推断其所预示的政治和人事变迁。从西汉中期开始，帝王在灾异、祥瑞发生后进行自谴或表彰的诏书越来越多，其中就涉及到一些奇特的天文现象，如日食、星陨、星孛于东井、星孛于参等。汉代第一条灾异祥瑞诏书就是关于文帝二年（公元前178年）冬发生的日食。叶秋菊：《汉代的灾异祥瑞诏书》，《史学月刊》2010年第5期。

[8] a.孔祥星、刘一曼：《中国古代铜镜》，文物出版社，1984年，第65页。b.程林泉、韩国河：《长安汉镜》，陕西人民出版社，2002年，第69、76、77页。

[9]"法天象地"通常指两汉以来的营造类活动对阴阳五行、天地伦常等法则的尊崇，是后人对这一传统文化逻辑的归纳。古代都城规划、宫城营建通常体现"法天象地"理念，如汉代班固《西都赋》曰："其宫室也，体象乎天地，经纬乎阴阳，据坤灵之正位，放泰、紫之圆方。"（南朝宋范晔撰，唐代李贤等注：《后汉书》卷四十《班彪列传上》，中华书局，1973年，第1340页）"法天象地"也是墓葬营建的核心理念。赵超：《式、穹窿顶墓室与覆斗形墓志——兼谈古代墓葬中"象天地"的思想》，《文物》1999年第5期。

[10] 洛阳市文物管理局、洛阳古代艺术博物馆编：《洛阳古代墓葬壁画》上卷，中州古籍出版社，2010年，图二二。

[11] a. 倪润安：《论两汉四灵的源流》，《中原文物》1991年第1期，第84~86页。b. 冯时：《中国天文考古学》，中国社会科学出版社，2017年，第437页。

[12] a. 中国传统的天文学体系将天赤道附近的星空划分为二十八宿，并分别有四象统辖。象是中国传统星官体系最基本的概念，而四象后来作为四个赤道天宫的象征，最终形成了由五种动物组成的四组灵物，分别具有四种不同颜色以及代表四个不同方位，并与二十八宿完成固定配合的严整形式，这便是东宫苍龙、西宫白虎、南宫朱雀和北宫玄武。冯时：《中国天文考古学》，中国社会科学出版社，2017年，第411页。

b. 二十八宿又叫二十八舍、二十八次或二十八星。"星"字本义指星座或星官，而"宿""舍""次"则含有留宿和旅居的意思。在古人看来，一段段天区如地球上分布的驿站一样，应当是为日、月、五星准备的临时住所。这些概念，甚至包括"二十八"这个数字，最初实际都来源于月亮在恒星月中的运行位置。恒星月是指月亮在恒星间回到同一位置的周期，它的长度为27.33天。一个恒星月中，月亮每晚在恒星间都有一个旅居的住所，每月共换27或28个住所，这就是二十八宿的本义。冯时：《中国天文考古学》，中国社会科学出版社，2017年，第354页。

[13] a. 古人观测天象，首先感知的自然是星的形象，先民以诸星组成的图像仿佛类似何物，便以该物为之命名。冯时：《中国天文考古学》，中国社会科学出版社，2017年，第411页。

b. 中国传统天文学中的四象，并非东、西、南、北四宫中的七个星宿构成的形象，而是古人对各宫主宿（即授时主星）的提升。如：苍龙形象由东宫的角、亢、氐、房、心、尾六宿所构成，授时主星为心宿二；白虎形象由西宫的参、觜二宿组成，授时主星为参宿一至参宿三；柳、星、张、翼四宿可视为朱雀的核心部分；玄武的龟由虚、危二宿组成，且危宿位于一个赤道宫的中心点上，对于古人观象授时非常重要。冯时：《中国天文考古学》，中国社会科学出版社，2017年，第413~437页。

[14] a. 关于通过观测星象确定时间的方式：如，在黄河流域的纬度，北斗位于恒显圈，终年常显不隐，随着地球的自转，斗杓呈围绕北天极做周日旋转，犹如表盘上的指针，可以指示夜间的时间早晚；又由于地球的公转，斗杓呈围绕北天极做周年旋转，人们根据斗杓的指向可以掌握寒暑季节的更替。又如，垂直于极轴的天赤道附近的某些星象，古人以它们在天球上行移位置的变化决定季节，又以其重新回归某一特定位置的行移周期决定一年。冯时：《中国古代的天文与人文》（修订版），中国社会科学院出版社，2006年，第2~3页。

b. 关于利用日影确定时间的方式：古人通过立表测影，观察日影变化确定时间。如，根据正午时分表影尺寸最长或最短的时间周期建立历年的观念，也可以通过计量一天之中表影方向的改变决定一天的时间。又如，假设把一年中每天太阳东升时跃出和西落时没入地平那一瞬间的日影记录下来，东升与西落的日影记录重合的时间就只有春分和秋分。通过平分两个分日的距离，可以找到两个至点（冬至、夏至），通过平分这四时，可以找到立春、立夏、立秋和立冬，通过把这八节之间的距离平均，于是定立了二十四节气。冯时：《中国古代的天文与人文》（修订版），中国社会科学院出版社，2006年，第3~4、210页。

[15] 冯时指出：作为人类生存基础的原始农业的产生也必须以对时间的掌握为条件，没有对时间与季节的规划与分辨，没有准确的观象授时，原始农业便不可能出现。冯时：《中国古代的天文与人文》（修订版），中国社会科学院出版社，2006年，第1~2页。

[16] a. 中国古代的空间观与时间观是密不可分的，传统时间体系的建立事实上是通过对空间的测定完成的。冯时：《中国古代的天文与人文》（修订版），中国社会科学院出版社，2006年，第9页。

b. 当四方正位建立之后，古人通过长期实践不难发现，一年之中惟春分与秋分二日，太阳东升和西落的方向是在正东正西的端线上；而夏至时太阳的视位很高，正午时日影最短；冬至时太阳的视位很低，正午时日影最长。人们渐渐习惯用东、西、南、北四正方位寓指春分、秋分、夏至、冬至四气。时间与方位的概念在此得到了统一。冯时：《中国古代的天文与人文》（修订版），中国社会科学院出版社，2006年，第39页。

[17] a. 关于四神与五方、五行、五音、天干等的关系，可参见西汉《淮南子·天文训》的记载："何谓五星？东方，木也，其帝太皞，其佐句芒，执规而治春，其神为岁星，其兽苍龙，其音角，其日甲乙。南方，火也，其帝炎帝，其佐朱明，执衡而治夏，其神为荧惑，其兽朱鸟，其音徵，其日丙丁。中央，土也，其

帝黄帝，其佐后土，执绳而制四方，其神为镇星，其兽黄龙，其音宫，其日戊己。西方，金也，其帝少昊，其佐蓐收，执矩而治秋，其神为太白，其兽白虎，其音商，其日庚辛。北方，水也，其帝颛顼，其佐玄冥，执权而治冬，其神为辰星，其兽玄武，其音羽，其日壬癸。"刘文典 撰，冯逸、乔华 点校：《淮南鸿烈集解》，中华书局，1989 年，第 105~106 页。

b. 关于十二月、十二地支与五方、五行、四神等的关系，可参见西汉《淮南子·时则训》的记载。

1）春季："孟春之月，招摇指寅，昏参中，旦尾中。其位东方，其日甲乙，盛德在木，其虫鳞。""仲春之月，招摇指卯，昏弧中，旦建星中。其位东方，其日甲乙，其虫鳞。""季春之月，招摇指辰，昏七星中，旦牵牛中。其位东方，其日甲乙，其虫鳞。"
2）夏季："孟夏之月，招摇指巳，昏翼中，旦婺女中。其位南方，其日丙丁，盛德在火，其虫羽。""仲夏之月，招摇指午，昏亢中，旦危中。其位南方，其日丙丁，其虫羽。""季夏之月，招摇指未，昏心中，旦奎中。其位中央，其日戊己，盛德在土，其虫赢。"
3）秋季："孟秋之月，招摇指申，昏斗中，旦毕中。其位西方，其日庚辛，盛德在金，其虫毛。""仲秋之月，招摇指酉。昏牵牛中，旦觜巂中。其位西方，其日庚辛，其虫毛。""季秋之月，招摇指戌，昏虚中，旦柳中。其位西方，其日庚辛，其虫毛。"
4）冬季："孟冬之月，招摇指亥，昏危中，旦七星中。其位北方，其日壬癸，盛德在水，其虫介。""仲冬之月，招摇指子，昏壁中，旦轸中。其位北方，其日壬癸，其虫介。""季冬之月，招摇指丑，昏娄中，旦氐中。其位北方，其日壬癸，其虫介。"
刘文典 撰，冯逸、乔华 点校：《淮南鸿烈集解》，中华书局，1989 年，第 191、194、197 页，第 200、202、205 页，第 208、211、213 页，第 215、218、220 页。

c. 东汉高诱注《淮南子·时则训》时，曾解释五方中提及的五类"虫"，分别为"鳞虫，龙为之长""羽虫，凤为长""赢虫，麟为之长""毛虫，虎为之长""介，甲也。象冬闭固，皮漫胡也。甲虫，龟为之长"。刘文典 撰，冯逸、乔华 点校：《淮南鸿烈集解》，中华书局，1989 年，第 191、200、205、208、215 页。

d. 关于方位与颜色的关系，可参见《周礼·冬官·考工记》的记载："画缋之事杂五色。东方谓之青，南方谓之赤，西方谓之白，北方谓之黑，天谓之玄，地谓之黄。"（清）阮元 校刻：《十三经注疏》，中华书局，1980 年，第 918 页。

[18] 徐光冀 主编：《中国出土壁画全集》第 6 卷，科学出版社，2012 年，第 4 页。

[19] 从文献与汉镜铭文中得知，六博与四神、阴阳、四时、五行、宇宙（天地日月）也有着密切的关联。见如下注释：

a. 薛孝通《博谱》载："（六博）则天地之运动，法阴阳之消息。"转引自孙机：《汉代物质文物资料图说》（增订本），上海古籍出版社，2011 年，第 310 页。

b. 中国国家博物馆收藏的一件铜镜，铭文为："新有善铜出丹阳，和以银锡清且明，左龙右虎□□□，朱爵（雀）玄武顺阴阳，□子九□治中央，刻娄（镂）博局去不羊（祥），家常大富宜君王。"王春法 主编：《镜里千秋——中国古代铜镜文化》，北京时代华文书局，2021 年，第 231 页。

c. 江苏东海尹湾汉墓出土的一件铜镜，铭文为："汉有善铜出丹阳，卒（淬）以银锡清而明，刻治六博中榘（矩）方，左龙右虎治四彭（方），朱爵（雀）玄武顺阴阳，八子九孙治中英（央），常葆父母利弟兄，应随四时合五行，法象天地日月光，昭神明镜相侯王，众妻美好如玉英，千秋万世长乐未央兮。"孔祥星、刘一曼、鹏宇：《中国铜镜图典》（修订本），上海古籍出版社，2020 年，第 400 页。

d. 河南南阳新莽墓出土的一件铜镜，内区铭文为："泰言之纪从镜，苍右左白虎，甫（博）局，君宜官，长宝（保）二亲大孙子，竟（镜）。"外区铭文为："汉有善铜出丹阳，和用银锡清且明，左龙右虎主四彭（方），八子九孙治中央，朱爵（雀）武顺阴阳，千万岁，长乐未央。泰言之纪。"孔祥星、刘一曼、鹏宇：《中国铜镜图典》（修订本），上海古籍出版社，2020 年，第 362 页。

[20] a. 冯时认为：四方、五位、八方和九宫是相互递进的方位概念。四方、五位是方位的基础，八方和九宫则是前两个概念的延伸。古人以十二地支平分地平方位，也可分配八方，其中子、午、卯、酉分别指示北、南、东、西四方，子午、卯酉为二绳，丑寅、辰巳、未申、戌亥为四钩，分别指示东北、东南、西南、西北四维。冯时同时指出，中国古代式盘正是体现这种完整方位体系的简洁图像。冯时：《中国古代的天文与人文》（修订版），中国社会科学院出版社，2006 年，第 19、41~44 页。

b. 李学勤通过对《博局占》的分析，认为博局纹中的 T 为二绳、L 为四仲、V 为四钩，即《淮南子·天文训》中有关宇宙模式的图示。《博局占》，即尹湾 6 号汉墓出土的 9 号牍的内容，有占问的作用。《博局占》的图形即常见的"博局纹"，所有线条旁都写有干支，自甲子至癸亥；图形下有张表，表横有五栏，分别标以"占取妇嫁女""问行者""问系者""问病者""问亡者"；表纵分九行，每行顶端标以"方、廉、楬、道、张、诎、长、高"九字，这九字与《西京杂记》中引述的许博昌六博口诀一致，是博局上不同位置的术语。李学勤认为《博局占》的操作十分简单，只要查找占问当日的干支在图形上的位置，就可以得到所问事项的答案。如癸亥日问娶妇嫁女，这一干支在"方"，表文为"家室终，生产"，即这一新家庭能维持终老，女子也能生育。李学勤：《〈博局占〉与规矩纹》，《文物》1997 年第 1 期。

c. 李零也认为博局与式盘、日晷均来自中国古代的宇宙模式，其图案寓含四方八位、九宫十二位和四维、钩绳一类的设计。博局的设计可能是一种式图与历术相结合的图式，六博是一种模仿历术的游戏，所以可以用于历术类的占卜，式法也是历术类的占卜。李零：《跋中山王墓出土的六博棋局——与尹湾〈博局占〉的设计比较》，《中国历史文物》2002 年第 1 期，第 14~15 页。

d. 王煜将四川汉墓中流行的六博画像分为两类：一类为宴乐六博，其博局与其他地区一致，即有完整的 T、L、V 符号；另一类为仙人六博，所用博局为四川汉墓特有，即博局呈"田"字形，四角各有一个 V 形棋道，象征二绳四钩，王煜称之为"钩绳"博局。他认为"钩"即规、矩，与"绳"同为营造、设计的基本工具，其中，绳是用来作直线或测量垂直的工具，规为画圆或弧的工具，矩为画方或直角的工具。钩（规、矩）、绳不仅是建构宇宙模式的基本元件，也是管理和运行宇宙的基本工具。他指出：博箸的标准数量应为六枚；其断面呈新月形，这种构造是其具有正、背两个面。他进一步认为，博箸的正背两面代表阴阳二爻，一枚博箸便是一爻，六枚正是一卦，六枚博箸的投掷共可出现六十四种情况，六博的投箸正是对《周易》阴阳六爻的模拟。他据此认为，仙人六博是以阴阳六爻推演着宇宙的运动，这也是六博为何有法力、能祠祀西王母的原因所在。王煜：《四川汉墓画像中"钩绳"博局与仙人止博》，《四川文物》2011年第 2 期。

[21] 刘文典 撰，冯逸、乔华 点校：《淮南鸿烈集解》，中华书局，1989 年，第 115 页。

[22] a. 霍巍：《试析汉晋神兽镜中的龙虎神兽与"衔巨"图纹》，《考古》2003 年第 5 期，图七。b. 王煜：《四川汉墓画像中"钩绳"博局与仙人止博》，《四川文物》2011 年第 2 期，第 63 页。

[23] 上海博物馆 编：《练形神冶 莹质良工——上海博物馆藏铜镜精品》，上海书画出版社，2005 年，第 194 页。

[24] 浙江省博物馆 编：《古镜今照——中国铜镜研究会成员藏镜精粹》，文物出版社，2012 年，第 264 页。

[25] [日] 驹井和爱：《中国古镜の研究》，岩波书店，1953 年。转引自：霍巍：《试析汉晋神兽镜中的龙虎神兽与"衔巨"图纹》，《考古》2003 年第 5 期，第 79~80 页。

[26] 霍巍较为赞同日本学者西田守夫的观点，即根据"天禽四守，衔持维纲"等语，认为神兽镜中所表现的"巨"即为"维纲"，乃维系天之"四维"之物，《说文解字》中也有"钜，大刚也"的解释，故"巨"当与作为"大刚"之"钜"相通。霍巍指出，神兽衔巨镜中"巨"所在位置与博局纹镜中 V 形符号的位置基本相近，并引《淮南子·天文训》中"丑寅、辰巳、未申、戌亥为四钜"之句（霍巍引该文献时为"四钜"而非"四钩"），认为神兽所衔之"巨"，应当释为曲尺形的矩（即博局纹中的 V 形符号），两者实际上都反映着《淮南子·天文训》中所载的"四钜"，都在于表现以"天禽"规正四方，以此规定和规范大地宇宙，表现某种理想的神仙世界。他进一步认为：神兽口衔的"巨"体现着大地之四极与四隅，象征"天圆地方"；并且还被用以支撑起"四维"即天穹之四柱，其上再承以四极和天盖。霍巍：《试析汉晋神兽镜中的龙虎神兽与"衔巨"图纹》，《考古》2003 年第 5 期，第 81 页。

[27] 霍巍：《试析汉晋神兽镜中的龙虎神兽与"衔巨"图纹》，《考古》2003 年第 5 期，图四4。

[28] 冯时：《中国天文考古学》，中国社会科学出版社，2017 年，第 430~436 页。

[29] 《楚辞·远游》洪兴祖补注："玄武，谓龟蛇。位在北方，故曰玄；身有鳞甲，故曰武。"（东汉）王逸 章句，（宋）洪兴祖 补注，夏剑钦 校点：《楚辞章句补注·楚辞集注》，岳麓书社，2013 年，第 167 页。

[30] 冯时：《中国天文考古学》，中国社会科学出版社，2017 年，第 434~435 页。

[31] 《吕氏春秋·季夏纪·季夏》载："中央土，其日戊己，其帝黄帝，其神后土。其虫保……天子居太庙太

室，乘大辂，驾黄骝，载黄旂，衣黄衣，服黄玉。"东汉高诱注："戊己，土日。土王中央也。黄帝，少典之子，以土德王天下，号轩辕氏，死，托祀为中央之帝。后土，官，共工氏子句龙，能平九土，死，托祀为后土之神。阳发散越，而属倮虫。倮虫，麒麟为之长……土色黄，故尚黄色。"（东汉）高诱注，（清）毕沅校，徐小蛮标点：《吕氏春秋》，上海古籍出版社，2014年，第112~113页。

[32] "骐驎"二字见《战国策·赵四·秦攻魏取宁邑》载："谅毅曰：……臣闻之：'有覆巢毁卵，而凤皇不翔；刳胎焚夭，而骐驎不至。'"（西汉）刘向 辑录：《战国策》，上海古籍出版社，1985年，第762~763页。

[33] 甲骨文中就有"麠"，为"麟"的同义古字，从字形也可以看出这种传说动物与鹿的亲密关系；战国出现"麒麟"连称，有时亦写作"骐驎"，暗指其外形又与马的部分相似。单从文献看，汉代的麒麟、骐驎常混用，无明显的代指。潘攀：《汉代神兽图像研究》，文物出版社，2019年，第148~149页。

[34] 冯时：《中国天文考古学》，中国社会科学出版社，2017年，图6-36。

[35] 冯时：《中国天文考古学》，中国社会科学出版社，2017年，图6-36。

[36] 冯时：《中国天文考古学》，中国社会科学出版社，2017年，图6-37。

[37] 中国青铜器全集编辑委员会 编：《中国青铜器全集》第16卷，文物出版社，1998年，图6。

[38] 西汉《淮南子·览冥训》载："羿请不死之药于西王母，姮娥窃以奔月，托身于月，是为蟾蜍，而为月精。"刘文典 撰，冯逸、乔华 点校：《淮南鸿烈集解》，中华书局，1989年，第260页。

[39] 湖南省博物馆 编：《长沙马王堆汉墓陈列》，中华书局，2017年，第287页。

[40] 东汉张衡《灵宪》载："日者，阳精之宗。积而成鸟，象乌而有三趾。阳之类，其数奇。月者，阴精之宗。积而成兽，像兔。阴之类，其数偶。"（南朝宋）范晔 撰，（唐）李贤 等注：《后汉书》志第十《天文上》，中华书局，1965年，第3216页。

[41] （东汉）魏伯阳 著，（宋）朱熹 等注：《周易参同契集释》，中央编译出版社，2015年，第57页。

[42] a.在有些龙虎对峙纹铜镜中，虎的裆部描绘出一个完整的雄性生殖器，有些学者据此称这类有生殖器图案

的铜镜为龙虎交媾纹铜镜。王趁意：《中国东汉龙虎交媾镜》，中州古籍出版社，2002年，第12~18页。

b.南宋有一种龙虎纹铜镜，其图像或许更能表明龙虎交媾、阴阳相合的内涵。这类铜镜以往多被认为是双龙纹，实为龙虎纹。镜中头有角、身有鳞、张口者为龙；脑后有鬃、身有条状斑、闭口者为虎。龙虎下方有一鼎炉，鼎炉下方的水中有一个吐纳运气的神龟。这类纹饰应是道教内丹派"药物""鼎器""火候"理论的图像呈现。内丹派以人体为炉，以精、气、神为药，盛行于宋金时期。龙，代表元神（性）、阳、火、心等；虎，代表元气（命）、阴、水、肾等；神龟代表火候；龙虎交汇于鼎炉中，象征内炼阴阳药物。李健：《龙从火里出，虎向水中生——为宋元时期道教龙虎镜正名》，《首都博物馆论丛》总第27辑，北京燕山出版社，2013年。

[43] （明）尹真人高弟 撰：《性命圭旨》，中央编译出版社，2013年，第114页。

[44] "龙呼于虎，虎吸其精。两相饮食，俱相贪荣。"（东汉）魏伯阳 著，（宋）朱熹 等注：《周易参同契集释》，中央编译出版社，2015年，第53页。

[45] 中国国家博物馆收藏的西汉"中国大宁"博局纹鎏金铜镜，其铭文为："圣人之作镜兮，取气于五行。生于道康兮，咸有文章。光象日月，其质清刚。以视玉容兮，辟去不羊（祥）。中国大宁，子孙益昌。黄常（裳）元吉，有纪刚（纲）。"王春法 主编：《镜里千秋——中国古代铜镜文化》，北京时代华文书局，2021年，第102页。

[46] "天纪元年月闰月廿六日，造作明竟（镜），幽涑三商，上应星宿，辟去不羊（祥），服者富贵，位至侯王，长乐未央，子孙富昌兮。"王士伦 编：《浙江出土铜镜》，文物出版社，1987年，《序言》第41页（第164条）。

展品编号	032
图版号	图版30
展品名称	八乳神兽纹铜镜
解读对象	局部纹饰：鹿

展品编号	033
图版号	图版31
展品名称	"统德序道"神兽博局纹铜镜
解读对象	局部纹饰："独角羊"形的麒麟

展台类型	斜面展台

2.3 神兽

2.3.1 鹿与麒麟

（斜面展台内容）

　　鹿不仅是早期四神之一，也是重要的祥瑞动物。《瑞应图》曰："天鹿者，纯善之兽也，道备则白鹿见，王者明惠及下则见。"[1] 这应是汉代各类图像中常见有鹿的原因之一。

　　麒麟是最典型的瑞兽，《说文·鹿部》："麒，麒麟，仁兽也。麋身，牛尾，一角……麟，牝麒也。"[2] 除了鹿外，马、牛、羊等都可以是它的造型来源。汉镜中"独角羊"正是汉代麒麟形象的一种[3]。

（展板内容）

　　汉代画像材料中的鹿，有双角、无角、独角的形象。其图像的多样性，既反映雌雄个体和物种之间的差异，也意味其象征涵义的丰富。

无角的鹿　河南密县打虎亭M1前室石门门楣（摹本）[4]

有角的鹿　河北定州三盘山汉墓出土错金银铜车伞铤（纹饰局部）[5]

　　古人通常将"麟"与"凤"视为最典型的祥瑞动物。《礼记·礼运》曰："麟、凤、龟、龙，谓之四灵。"[6]

　　不仅如此，麒麟还与青龙、白虎、朱雀、玄武合称"五灵"[7]，在阴阳五行体系中与五行、五方、五色等属性相配[8]。

鹿形的麒麟　山东济宁嘉祥武梁祠出土汉代画像石[9]

麒麟与凤　河南密县打虎亭M1后室石门门楣（摹本）[10]

展品编号	034
图版号	图版 32
展品名称	"柰言之纪"神兽博局纹铜镜
解读对象	局部纹饰：辟邪

展品编号	035
图版号	图版 33
展品名称	神兽博局纹铜镜
解读对象	局部纹饰：天禄

展台类型	斜面展台

2.3.2 辟邪与天禄

（斜面展台内容）

辟邪，意如其名。东汉《急就篇》有"射魅辟邪除群凶"一句，唐代颜师古注曰："射魅、辟邪，皆神兽名……辟邪，言能辟御妖邪也。"[11]

天禄，或写作天鹿，有学者认为"禄"通"鹿"，取"禄位"之吉意。辟邪与天禄相配，或有被除不祥、永绥百禄的寓意。[12]

汉镜中榜题名为"辟耶（邪）"的神兽
深圳博物馆藏"仙人止博"七乳神兽纹铜镜

（展板内容）

汉代镜铭中常有"辟邪配天禄，奇兽并出未兮"之语[13]，可知辟邪与天禄都是奇异的神兽。

两者的形象可能来自龙、狮。如汉镜中有榜题名为"辟耶（邪）"的神兽，多为独角龙的形象[14]；东汉陵墓的天禄辟邪石雕，则有狮子的特征[15]。

天禄与辟邪的形象相近，其区别一直在被学界探讨。

曹魏时期的孟康，谈到西域动物"桃拔"时认为："一角者或为天鹿，两角者或为辟邪。"[16]但当今有学者通过对南北朝帝陵前的石兽进行分析，结合相关文献的考察，认为"一角为辟邪，二角为天鹿"[17]。

东汉天禄石雕[18]　　　东汉辟邪石雕[19]
河南洛阳孙旗屯出土

2.3.3 展品1件

展品编号	036
图版号	图版34
展品名称	七乳神兽纹铜镜
解读对象	局部纹饰：蓐收与句芒

展台类型	斜面展台

2.3.3 蓐收与句芒

（斜面展台内容）

这两个神兽可能为句芒与蓐收。

句芒，人首鸟身，对应着五方的东、四季的春、五行的木；蓐收，人首兽身，对应着五方的西、四季的秋、五行的金。

（展板内容）

东方句芒，鸟身人面，乘两龙。[20]

西方蓐收，左耳有蛇，乘两龙。[21]

——《山海经》

（句芒）木神也，方面素服。[22]

（蓐收）金神也，人面、虎爪、白毛，执钺。[23]

——东晋郭璞注《山海经》

孟春之月……其神句芒。[24]

孟秋之月……其神蓐收。[25]

——《礼记·月令》

蓐收[26]　　　　　　句芒[27]

河南洛阳金谷园新莽墓出土壁画

2.3.4 展品1件

展品编号	037
图版号	图版35
展品名称	"然于举士列侯王"八乳神兽纹铜镜
解读对象	局部纹饰：文鳐与双鸟

展台类型	斜面展台

2.3.4 文鳐

（斜面展台内容）

此镜中有一鱼，背生双翼，腾飞于两只小鸟上方，似翱翔于空中。

这类鱼可能是文鳐，又称文鱼。

（展板内容）

（泰器之山）多文鳐鱼，状如鲤鱼，鱼身而鸟翼，苍文而白首，赤喙，常行西海，游于东海，以夜飞。[28]

——《山海经·西山经》

冯夷鸣鼓，女娲清歌。腾文鱼以警乘，鸣玉鸾以偕逝。六龙俨其齐首，载云车之容裔，鲸鲵踊而夹毂，水禽翔而为卫。[29]

——《洛神赋》

文鳐鱼

文鳐鱼
明《山海经》胡文焕图本[30]

2.3.5 展品 1 件

展品编号	038
图版号	图版 36
展品名称	四乳神兽纹铜镜
解读对象	局部纹饰：长鬃毛的神兽

展台类型	斜面展台

2.3.5 长鬃毛的神兽

（斜面展台内容）

　　白虎身后的这只神兽，鬃毛极为发达，自颈后倒竖至头前，状似镇墓猛兽的突刺。这只神兽或如镇墓兽一样，有辟邪的作用。

（展板内容）

　　汉晋时期的镇墓兽，多有犄角或突刺。这往往是辟邪类神兽的特征，比如穷奇的"蝟毛"和獬豸的"一角"。

　　如《山海经·西山经》："邽山……有兽焉，其状如牛，蝟毛，名曰穷奇，音如獋狗，是食人。"[31] 又如《异物志》："东北荒中有兽名獬豸，一角，性忠，见人斗，则触不直者；闻人论，则咋（咬）不正者。"[32]

东汉镇墓兽[33]	西晋镇墓兽[34]	十六国镇墓兽[35]
甘肃武威磨嘴子墓出土	河南巩义西仓村 M40 出土	西安董家村后秦墓出土

2.3.6 展品 1 件

展品编号	039
图版号	图版 37
展品名称	七乳神兽纹铜镜
解读对象	局部纹饰：羊

展台类型	斜面展台

2.3.6 羊

（斜面展台内容）

　　此镜中的羊以正脸示人，不同于多数神兽的侧脸形象。

　　这种表现方式或与汉墓中将羊头造型塑于门楣上的用意相同，即用于辟邪。如《杂五行书》曰："悬羊头门上，除盗贼。"[36] 此外，因与"祥"相通，羊也有趋吉避凶的涵义[37]。

墓门门额浮雕羊头[38]	墓门内上额浮雕羊头[39]
河南郏县黑庙汉代墓地 M52 出土画像石	河南洛阳烧沟汉墓 M61 出土壁画

2.3.7 展品1件

展品编号	040
图版号	图版 38
展品名称	"张氏作竟"六乳神兽纹铜镜
解读对象	局部纹饰：马

展台类型	斜面展台

2.3.7 马

（斜面展台内容）

在汉代，马有两种神话意涵：一是仙人所骑之马[40]；二是被视为祥瑞的天马。为纪念天马现世这一祥瑞之事，汉武帝还制作了马蹄状的金币[41]。

西汉马蹄金[42]
江西南昌海昏侯墓出土

2.3.8 小结

（展板内容）

神兽

在汉镜背面这一方寸天地之中，"居住"着各式各样的奇禽异兽。在汉代人的观念中，它们可以帮助人们辟邪厌胜、趋吉呈祥。

汉镜中常有这样的铭文："蔡氏作镜佳且好，明而月世少有，刻治（冶）今守悉皆在，令人富贵宜孙子，寿而金石不知老兮，乐无极。"[43]镜铭中的"今守"，是"禽兽"二字的同音通用字[44]。

这类镜铭似乎表明，古人以奇禽异兽装饰镜背，是想借此在现世生活中获得更多的福祉。

注释:

[1] 见《艺文类聚》卷九十九《祥瑞部下》"白鹿"条引《瑞应图》。（唐）欧阳询 撰，汪绍楹 点校：《艺文类聚》，上海古籍出版社，2007 年，第 1714 页。

[2] （东汉）许慎 撰，（清）段玉裁 注：《说文解字注》，上海古籍出版社，1981 年，第 470 页。

[3] 汉代有一种独角羊身的麒麟，长角弯曲且多带螺旋纹，角端无肉。之所以能将其确认为麒麟的主要证据，则来自东汉一类装饰五灵纹饰的铜镜，麒麟往往与青龙、白虎、朱雀、玄武同时出现。而这种独角羊身的麒麟，也是麒麟在铜镜纹饰中的典型形象。潘攀：《汉代神兽图像研究》，文物出版社，2019 年，第 151~153 页。

[4] 河南省文物研究所：《密县打虎亭汉墓》，文物出版社，1993 年，图一八。

[5] 西汉南越王博物馆、河北博物院、河北省文物研究所 编著：《南越王与中山王》，岭南美术出版社，2017 年，第 77 页。

[6] 见《礼记》卷二十二《礼运》。（东汉）郑玄 注，（唐）孔颖达 疏：《礼记正义》，北京大学出版社，2000 年，第 818 页。

[7] 《礼记·礼运》云："麟凤龟龙，谓之四灵。"随后四象（青龙、白虎、朱雀、玄武）与四灵概念产生了部分重合混淆，加上阴阳五行观的影响及王莽篡位的谋划造势，故至迟在两汉之际，四灵与四象体系产生融合，形成由龙、凤（朱雀）、白虎、龟（玄武）、麒麟组成的"五灵"神兽信仰体系，麒麟被安排到最中心的位置。潘攀：《汉代神兽图像研究》，文物出版社，2019 年，第 150 页。

[8] 《吕氏春秋·季夏纪·季夏》载："中央土，其日戊己，其帝黄帝，其神后土。其虫倮……天子居太庙太室，乘大辂，驾黄骝，载黄旂，衣黄衣，服黄玉。"东汉高诱注："戊己，土日。土王中央也。黄帝，少典之子，以土德王天下，号轩辕氏，死，托祀为中央之帝。后土，官，共工氏子句龙，能平九土，死，托祀为后土之神。阳发散越，而属倮虫。倮虫，麒麟为之长……土色黄，故尚黄色。"（东汉）高诱 注，（清）毕沅 校，徐小蛮 标点：《吕氏春秋》，上海古籍出版社，2014 年，第 112~113 页。

[9] [美] 巫鸿 著，柳杨、岑河 译：《武梁祠——中国古代画像艺术的思想性》，三联书店，2015 年，图 90。

[10] 河南省文物研究所：《密县打虎亭汉墓》，文物出版社，1993 年，图五五。

[11] （西汉）史游 撰，（唐）颜师古 注：《急就篇》，明崇祯毛氏汲古阁本，第三卷，第 11 页。

[12] 张松利、张金凤：《许昌汉代大型石雕天禄、辟邪及其特点——兼论天禄、辟邪的命名与起源》，《中原文物》2007 年第 4 期，第 75 页。

[13] a. 深圳市文物管理办公室、深圳博物馆、深圳市文物考古鉴定所 编：《镜涵春秋——青峰泉、三镜堂藏中国古代铜镜》，文物出版社，2012 年，第 211、213 页。b. 王士伦 编：《浙江出土铜镜》，文物出版社，1987 年，图 92、图版说明第 11 页。

[14] a. 孙机：《汉代物质文化资料图说》（增订本），上海古籍出版社，2011 年，第 483 页。b. 蔡明、黄诗金：《深圳博物馆藏青铜器精品赏析》，《文博》2010 年第 4 期，图 9-1。

[15] 潘攀：《汉代神兽图像研究》，文物出版社，2019 年，第 157~158 页。

[16] 出自《汉书》卷九十六上《西域传上》"乌弋山离国……而有桃拔、师子、犀牛"孟康注。（东汉）班固 撰，（唐）颜师古 注：《汉书》，中华书局，1962 年，第 3888、3889 页。

[17] 宋震昊：《天禄辟邪新考——从角数规律看南朝帝陵石兽的名称》，《东南文化》2009 年第 3 期。

[18] 陈长安 主编：《洛阳古代石刻艺术·陵墓卷》，中州古籍出版社，2016 年，图二。

[19] 陈长安 主编：《洛阳古代石刻艺术·陵墓卷》，中州古籍出版社，2016 年，图三。

[20] 袁珂 校注：《山海经校注》，北京联合出版公司，2014 年，第 235 页。

[21] 袁珂 校注：《山海经校注》，北京联合出版公司，2014 年，第 206 页。

[22] 袁珂 校注：《山海经校注》，北京联合出版公司，2014 年，第 235 页。

[23] 袁珂 校注：《山海经校注》，北京联合出版公司，2014 年，第 206 页。

[24] （东汉）郑玄 注，（唐）孔颖达 疏：《礼记正义》，北京大学出版社，2000 年，第 517 页。

[25] （东汉）郑玄 注，（唐）孔颖达 疏：《礼记正义》，北京大学出版社，2000 年，第 606 页。

[26] 洛阳市文物管理局、洛阳古代艺术博物馆 编：《洛阳古代墓葬壁画》上卷，中州古籍出版社，2010 年，图十四。

[27] 洛阳市文物管理局、洛阳古代艺术博物馆 编：洛阳古代墓葬壁画》上卷，中州古籍出版社，2010 年，图十五。

[28] 袁珂 校注：《山海经校注》，北京联合出版公司，2014 年，第 39 页。

[29] （梁）萧统 编，（唐）李善、吕延济、刘良、张铣、吕向、李周翰 注：《六臣注文选》卷十九《赋癸·情》，中华书局，2012 年，第 355 页。

[30] 马昌仪：《古本山海经图说》，广西师范大学出版社，2007 年，第 188 页。

[31] 袁珂 校注：《山海经校注》，北京联合出版公司，2014 年，第 56 页。

[32] 见李贤注《后汉书·舆服志》"獬豸冠"。（南朝宋）范晔 撰，（唐）李贤 等注：《后汉书》志第三十《舆服下》，中华书局，1965 年，第 3667 页。

[33] 张松林 主编、郑州市文物考古研究所 编：《中国古代镇墓神物》，文物出版社，2004 年，图 13。

[34] 张松林 主编、郑州市文物考古研究所 编：《中国古代镇墓神物》，文物出版社，2004 年，图 36。

[35] 张松林 主编，郑州市文物考古研究所 编：《中国古代镇墓神物》，文物出版社，2004 年，图 40。

[36] 见《艺文类聚》第九十四卷《兽部中》"羊"条。（唐）

[37] 许慎曰："羊，祥也。""祥，福也。从示，羊声。一云善。"（东汉）许慎：《说文解字》，中华书局，1963 年，第 78，7 页。

[38] 郑州大学历史学院、平顶山市文物局、河南省文物考古研究院、河南省文物局南水北调文物保护办公室：《河南郏县黑庙墓地汉代画像石墓发掘简报》，《文物》2018 年第 9 期，图 4。

[39] 洛阳市文物管理局、洛阳古代艺术博物馆 编：《洛阳古代墓葬壁画》上卷，中州古籍出版社，2010 年，图三。

[40] 从其他汉镜的榜题铭文可知，汉镜中的马多是赤松子、王子乔之类的仙人所骑的仙马，如：a.深圳博物馆藏"仙人止博"七乳神兽纹铜镜中有一组纹饰，绘有一匹被拴在铜柱上的马，有榜题铭文"仙马""铜柱"。蔡明、黄诗金：《深圳博物馆藏青铜器精品赏析》，《文博》2010 年第 4 期，第 55 页。b.浙江出土的一件七乳神兽纹铜镜中有一组纹饰，绘有一马，有榜题铭文"王高（乔）马"与"赤诵（松）马"。王士伦 编：《浙江出土铜镜》，文物出版社，1987 年，图 24。

[41] 《汉书·武帝纪》载："（太始二年）三月，诏曰：'有司议曰，往者朕郊见上帝，西登陇首，获白麟以馈宗庙，渥洼水出天马，泰山见黄金，宜改故名。今更黄金为麟趾褭蹄以协瑞焉。'因以班赐诸侯王。"（东汉）班固 撰，（唐）颜师古 注：《汉书》卷六《武帝纪》，中华书局，1962 年，第 206 页。

[42] 图片由编者于 2019 年 4 月拍摄自江西省博物馆。

[43] 霍宏伟、史家珍 主编：《洛镜铜华——洛阳铜镜发现与研究》，科学出版社，2013 年，第 186 页。

[44] "今"与"禽"、"守"与"兽"的相通，是通用字与正字之间仅有语音联系而无形体联系。邱龙升：《两汉镜铭文字研究》，中国社会科学出版社，2012 年，第 221 页序号 17，第 222 页序号 38。

2.4 共 14 件展品

2.4.1 展品 1 件

展品编号	041
图版号	图版 39
展品名称	"上大山见神人"四神博局纹铜镜
解读对象	局部铭文："上大山，见神人，食玉英，饮澧泉"

展台类型	斜面展台

2.4.2 展品 2 件

展品编号	042
图版号	图版 40
展品名称	羽人四神博局纹铜镜
解读对象	局部纹饰：羽人

展品编号	043
图版号	图版 41
展品名称	四乳羽人神兽纹铜镜
解读对象	局部纹饰：羽人
展台类型	斜面展台

2.4 升仙

2.4.1 山与仙人

（斜面展台内容）

东汉刘熙的《释名》中说道："老而不死曰仙。仙，遷（迁）也。迁入山也。"[1]"仙"同"僊"。在古人心中，不死的仙人是居住在大山之中的[2]。

人们寻访名山，是为了找到仙人，获得他们的"玉英""澧泉"[3]之类的不死药，以求长生不老或升仙。

（展板内容）

秦汉时期，由于统治者的热衷，神仙思想盛行不衰，出现了大规模的求仙浪潮，途径之一就是寻访名山[4]。

耸入云霄的山巅是距离天空最近的地方，易使人产生神仙居住于大山的联想[5]。人们还认为，仙山中"珠玕之树皆丛生，华实皆有滋味，食之皆不老不死"[6]。

人们访山求仙的目的，就是想获得不死之药，以求长生不老或升仙。

山中的仙人神兽：西王母、玉兔、三足乌、九尾狐[7]
河南郑州出土汉代画像砖（拓片）

2.4.2 羽化

（斜面展台内容）

身有羽翼，是汉代认为仙人、神兽能遨游于天界的原因。如东汉《论衡·无形篇》载："图仙人之形，体生毛，臂变为翼，行于云，则年增矣，千岁不死。"[8]

这种认知又被进一步发展为身生羽翼即可升仙的观念[9]，如东汉王逸曰："人得道，身生羽毛也。"[10]这种观念被后人总结为"羽化升仙"。

（展板内容）

汉代图像材料中长耳、有羽翼的仙人被称为"羽人"[11]，《楚辞·远游》中就有"仍羽人于丹丘兮，留不死之旧乡"[12]一句。羽人是战国秦汉神仙信仰体系中的重要角色。

早期的羽人可能脱胎于人们对鸟类图腾的原始崇拜，人们渴望与这类动物发生连结、感应和互动，以获取它们飞升的能力[13]。

商代玉羽人[14]
江西新干大洋洲出土

西汉羽人造型的铜器座[15]
陕西西安南玉丰村出土

2.4.3 骑乘

（斜面展台内容）

在汉晋的神仙思想中，骑乘也是升仙和仙人出游的常见方式[16]。

汉晋的《列仙传》《神仙传》等书中，就有"琴高乘鲤""周晋跨素禽""轩辕控飞龙""萧史乘凤""英氏乘鱼"等骑着神禽神兽升仙的传说[17]。

仙人骑鹿[18]
四川成都出土汉代画像砖（拓片）

仙人骑白鹿，短发耳何长。
导我上泰华，揽芝获赤幢。
来到主人门，奉药一玉箱。
主人服此药，身体日康疆。
发白复更黑，延年寿命长。[19]

——汉乐府《长歌行》

乘坐马车也是一种升仙方式。汉墓出土的画像砖石中的车马出行图，常见西王母、天门等元素，被认为是墓主死后升仙、驶向西王母所在的天境[20]。

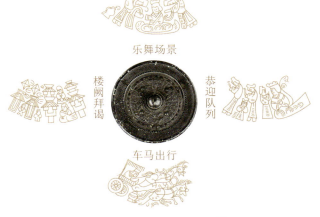

东汉升仙图画像镜及线图[21]
安徽阜阳出土

安徽省阜阳市出土的一件东汉升仙图像画像镜，通过"车马出行""恭迎队列""乐舞场景""楼阙拜谒"四幅图案表现一组完整的升仙内容：主人经由车马升入仙界，在楼阙拜谒西王母与东王公[22]。

展品编号	045
图版号	图版 43
展品名称	"徘徊名山采草芝"四神博局纹铜镜
解读对象	局部铭文："徘徊名山采草芝"

展品编号	046
图版号	图版 44
展品名称	"炼冶铅华"四乳芝草神兽纹铜镜
解读对象	局部纹饰：草芝

展品编号	047
图版号	图版 45
展品名称	七乳羽人持芝纹铜镜
解读对象	局部纹饰：草芝

展品编号	048
图版号	图版 46
展品名称	七乳羽人持芝纹铜镜
解读对象	局部纹饰：羽人持草芝

（展板内容）

武氏祠的一件画像石，画面的上方西王母与东王公高坐于云气之上，在云气与人间的交汇处，羽人四处游走，护卫、引导主人搭乘仙马车升入仙境[23]。

东汉车马出行图与升仙[24]
山东嘉祥武氏祠左石室屋顶前坡东段画像石（拓片）

2.4.4 服食

2.4.4.1 芝草

（斜面展台内容）

服食不死之药也是升仙或长生不老的重要方式。其中一类不死之药就是名山大川中各种神奇的花木芝草。

服食芝草以成仙的这种想法，应该脱胎于原始医术。

在长期实践中，人们发现一些植物可治愈或缓解身体的病痛。这种认识被进一步地想象，结合巫术、方术，由以药治病发展为以药求长生、求升仙[25]。

铜镜中有很多芝草的图像。一般描绘一个羽人，羽人手持一株芝草，芝草形状各异。

有一种呈"三盏灯"图像的仙草，可能是汉人升仙福地昆仑山的三株果（或称三株树），其"叶皆为珠""树若彗"，应与升仙有关[26]。

（展板内容）

西汉持芝玉羽人[27]
陕西咸阳汉元帝渭陵建筑遗址出土

手捧芝草的羽人[28]
四川彭州出土汉代画像砖（拓片）

展品编号	049
图版号	图版 47
展品名称	羽人持芝博局纹铜镜
解读对象	局部纹饰：羽人持草芝

展台类型	斜面展台

2.4.4.2 展品 3 件

展品编号	050
图版号	图版 48
展品名称	"新有善铜"羽人捣药博局纹铜镜
解读对象	局部纹饰：羽人捣药

展品编号	051
图版号	图版 49
展品名称	四乳羽人饲凤纹铜镜
解读对象	局部纹饰：羽人持丹饲凤

展品编号	052
图版号	图版 50
展品名称	羽人饲龙博局纹铜镜
解读对象	局部纹饰：羽人持丹饲龙

展台类型	斜面展台

2.4.4.2 炼丹

（斜面展台内容）

另一类不死之药是由金石炼制的丹药。草本药物的力量或许有限，不能实现不死升仙的目的，于是人们将目光转向更为坚硬的东西。

服食，即假借外物以自坚固。金石不似草药，有着稳定且不惧火炼的性能。古人以为，通过特殊的手段即可将金石坚固的特性加之己身，达到不死升仙的目的[29]。

汉代盛行炼制与服食丹药。许多贵族墓中出土了可用于捣药的铜臼杵，甚至还伴有朱砂、雄黄等炼丹原料[30]。

西汉晚期确立了西王母的主神地位后，在汉人想象的仙界中，西王母掌管着不死之药[31]，羽人、玉兔是她的侍仙，为其捣药、炼丹[32]。

汉镜中羽人捧丹饲龙、饲凤等图式，应是表现龙、凤等动物服食仙人所赐的"不死之药"而成仙的主题内涵[33]。

捣药的铜臼杵与五色药石[34]
广州西汉南越王墓出土

西王母和捣药的羽人[35]
山东沂南北寨汉代墓东门柱画像石（拓片）

2.4.5 导引

（斜面展台内容）

行气导引，是另一种升仙方式。这是一种引导身体屈伸俯仰的运动，且在运动中需要调整呼吸[36]。

有学者认为导引术或脱胎于原始的舞蹈，与祭祀有关的舞蹈可以让巫觋与天地神灵沟通，也可"动作以避寒"[37]。

汉镜中还有一种羽人舞蹈、嬉戏神兽的纹饰，或许体现了行气导引的升仙方式[38]。

展品编号	053
图版号	图版 51
展品名称	"朱师"五乳羽人舞蹈纹铜镜
解读对象	局部纹饰：羽人舞蹈

展品编号	054
图版号	图版 52
展品名称	"王氏昭竟"羽人舞蹈博局纹铜镜
解读对象	局部纹饰：羽人舞蹈

展台类型	斜面展台

〔展板内容〕

早期导引术注入了许多想象性的模仿动物的内容。

《庄子·刻意》载："吹呴呼吸，吐故纳新，熊经鸟伸，为寿而已矣。此道引之士，养形之人，彭祖寿考者之所好也。"[39] 道引，即导引[40]；彭祖即《列仙传》中常食桂枝、擅长行气导引的长寿之人。

马王堆帛书《导引图》是现存最早的一幅导引示意图，分上下 4 层，绘有 44 个各种人物的导引图式，其中禽戏类导引术就包括模仿螳螂、鹤、猿猴、熊等，与五禽戏相近而仅缺鹿戏与虎戏[41]。

西汉导引图（摹本）[42]
湖南长沙马王堆三号西汉墓出土

2.4.6 小结

〔展板内容〕

升仙

"维镜之旧生(性)兮质刚坚……福憙进兮日以前，食玉英兮饮澧（醴）泉，倡乐陈兮见神鲜（仙），葆长命兮寿万年，周复始兮传子孙。"[43]

正如汉镜铭文中所言，汉代人寻仙求药，是想借助仙人的护持、以升仙的方式获得长生，并让自己和子孙在现世生活中更加富足。

寻仙求药未可知，但这份追逐永恒的浪漫，被烙印在铜镜的铭文与纹饰里。

注释：

[1] 《释名·释长幼》载："老而不死曰仙。仙，迁也。迁入山也。故制其字，人旁作山也。"（东汉）刘熙撰：《释名》，中华书局，1985年，第43页。

[2] 杨玉彬引用上述《释名·释长幼》之句，认为汉代神仙的"仙"字本义，实际就是人住在山上的象形、会意表达。杨玉彬：《阜阳汉代铜镜研究》，合肥工业大学出版社，2017年，第176页。

[3] 玉英，指玉的精英、精华，与"玉泉""玉浆""玉液"基本相似。玉英大抵是指用上等美玉捣碎成玉屑后，掺合晨露等浸泡制成的一种饮料。汉代人食玉，是因为他们相信玉具有使人成仙不死的奇异功效。如《抱朴子内篇·仙药》引《玉经》："服金者寿如金，服玉者寿如玉。"澧（醴）泉，原本指甘泉，据传说有延年益寿之功效。如《瑞应图》载："醴泉，水之精也，味甘如醴，流之所及，草木皆茂，饮之令人多寿。〈东观记〉曰：'光武中元元年，醴泉出京师，人饮之者，痼疾皆除。'"杨玉彬：《阜阳汉代铜镜研究》，合肥工业大学出版社，2017年，第177~178页。

[4] a.如《史记·秦始皇本纪》载："齐人徐市等上书，言海中有三神山，名曰蓬莱、方丈、瀛洲，仙人居之。请得斋戒，与童男女求之。于是遣徐市发童男女数千人，入海求仙人。"（西汉）司马迁撰，（南朝宋）裴骃集解，（唐）司马贞索隐，（唐）张守节正义：《史记》卷六《秦始皇本纪》，中华书局，1959年，第247页。

b.如《资治通鉴·汉纪十二》载："齐人之上疏言神怪、奇方者以万数，乃益发船，令言海中神山者数千人求蓬莱神人。"（宋）司马光编著，（元）胡三省音注，"标点资治通鉴小组"校点：《资治通鉴》卷第二十《汉纪十二》，中华书局，1956年，第678页。

[5] 杨玉彬：《阜阳汉代铜镜研究》，合肥工业大学出版社，2017年，第175页。

[6] 《列子·汤问》载："（渤海之东）其中有五山焉：一曰岱舆，二曰员峤，三曰方壶，四曰瀛洲，五曰蓬莱。其山高下周旋三万里，其顶平处九千里。山之中间相去七万里，以为邻居焉。其上台观皆金玉，其上禽兽皆纯缟。珠玕之树皆丛生，华实皆有滋味，食之皆不老不死。所居之人皆仙圣之种；一日一夕飞相往来者，不可数焉。"杨伯峻撰：《列子集释》，中华书局，1979年，第151~152页。

[7] 李凇：《论汉代艺术中的西王母图像》，湖南教育出版社，2000年，第51页。

[8] 黄晖撰：《论衡校释》，中华书局，1990年，第66页。

[9] a."（汉代的人）即使认识到人身不可能长出翅膀，但为了死后的羽化，也要使用羽毛粘贴的披肩，马王堆2号汉墓出土羽衣一件；1989年安徽潜山出土汉代漆棺，上画与白虎相伴的墓主也披着类似辛追夫人的羽衣。"邵学海：《〈楚辞〉门外话"羽人"——关于羽人缘起、信仰及图像传播》，《中国楚辞学（第14辑）：2007年浙江杭州屈原及楚辞学国际学术研讨会论文集》，学苑出版社，2011年，第236页。

b.本注释a条中的"马王堆2号汉墓出土羽衣"，应指1号墓锦饰内棺出土的"菱花贴毛锦"（或名"羽毛贴花绢"）。湖南省博物馆、中国科学院考古所编：《长沙马王堆一号汉墓》，文物出版社，1973年，第27、62、65页；湖南省博物馆、中国科学院考古所编：《长沙马王堆一号汉墓发掘简报》，文物出版社，1972年，第4页。

c.本注释a条中的"安徽潜山出土汉代漆棺"，无来源注释，从文字描述看，应指1992年安徽省潜山县彭岭58号汉墓出土的漆棺。中国漆器全集编辑委员会编：《中国漆器全集》第3卷，福建美术出版社，1998年，图五〇、图版说明第17页。

d.贺西林指出：马王堆一号墓内棺上的羽饰（即"菱花贴毛锦"上的羽毛），具有羽化升天的功能和象征寓意，表明墓主之魂还将继续飞升。贺西林：《从长沙楚墓帛画到马王堆一号汉墓漆棺画与帛画——早期中国墓葬绘画的图像理路》，《中国汉画学会第九届年会论文集》，中国社会出版社，2004年，第458页。

[10] a.《楚辞·远游》："仍羽人于丹丘兮，留不死之旧乡。"东汉王逸注曰："人得道，身生羽毛也。"（宋）洪兴祖撰，白化文、许德楠、李如鸾、方进点校：《楚辞补注》，中华书局，1983年，第167页。

b.《论衡·道虚》："故谓人能生毛羽，毛羽备具，能升天也。且夫物之生长，无卒成暴起，皆有浸渐。为道学仙之人，能先生数寸之毛羽，从地自奋，升楼台之陛，乃可谓升天。"黄晖撰：《论衡校释》，中华书局，1990年，第318页。

[11] a.如《山海经·海外南经》中有"羽民国在其东南，其为人长头，身生羽。一曰在比翼鸟东南，其人为长

颊"之句（袁珂 校注：《山海经校注》，北京联合出版公司，2014 年，第 175 页）。又如《汉乐府》中有"仙人骑白鹿，短发耳何长"之句（宋代 郭茂倩：《乐府诗集》，中华书局，1979 年，第 442 页）。

b. 孙机指出我国古代重视上耸的大耳，如甲骨文的圣（聖）字就突出地表现人的耳朵；老子名聃，聃训"耳曼也"（《说文·耳部》），段注："曼者，引也。耳曼者，耳如引之而大也。"引耳，指向上提引。他认为，这是汉代仙人面型的一项特征。孙机：《汉代物质文化资料图说》（增订本），上海古籍出版社，2011 年，第 103 页。

[12] （宋）洪兴祖 撰，白化文、许德楠、李如鸾、方进 点校：《楚辞补注》，中华书局，1983 年，第 167 页。

[13] a. 羽人为氏族时期图腾崇拜的延续，是由"能飞"发展而成的"羽化"和"登仙"的思想，是随着人文发展的灵魂上的飞。孙作云：《孙作云文集——中国古代神话传说研究下》，河南大学出版社，2003 年，第 602~619 页。

b. 史前基于巫术思想，古人认为装扮模仿鸟是为了获得飞鸟凌驾于人类之上的能力；至春秋战国时期，人与鸟的组合多见于丧葬文化，与死后世界息息相关；至汉代则与羽化登仙联系起来。张东：《山海经神鸟形象源流考》，福建师范大学硕士学位论文，2018 年，第 54~68 页。

[14] 深圳博物馆、江西省博物馆 编：《商代遗珍——江西新干大洋洲出土文物精品》，文物出版社，2010 年，第 153 页。

[15] 中国青铜器全集编辑委员会 编：《中国青铜器全集》第 12 卷，文物出版社，1998 年，图 138。

[16] 杨玉彬：《阜阳汉代铜镜研究》，合肥工业大学出版社，2017 年，第 214 页。

[17] a. 汉代《列仙传·琴高》载："琴高者，赵人也，以鼓琴为宋康王舍人，行涓、彭之术，浮游冀州、涿郡之间，二百余年后，辞入涿水中，取龙子，与诸弟子期曰：'皆洁斋待于水傍，设祠。'果乘赤鲤来出坐祠中，旦有万人观之，留一月余，复入水去。"王叔岷：《列仙传校笺》，中华书局，2007 年，第 60 页。

b. 东晋葛洪在《神仙传序》中提到："琴高乘鲤于砀中，……周晋跨素禽于缑氏，轩辕控飞龙于鼎湖，……萧史乘凤而轻举，……英氏乘鱼以登遐。"（东晋）葛洪 撰，胡守为 校释：《神仙传校释》，中华书局，2010 年，《神仙传序》第 1 页。

[18] 龚廷万、龚玉、戴嘉陵 编著：《巴蜀汉代画像集》，文物出版社，1998 年，图 259。

[19] 见《乐府诗集》第三十卷《相和歌辞五·长歌行十一首·古辞二首》。（宋）郭茂倩：《乐府诗集》，中华书局，1979 年，第 442 页。

[20] 赵殿增、袁曙光：《"天门"考——兼论四川画像砖（石）的组合与主题》，《四川文物》1990 年第 6 期。

[21] 图片由阜阳市博物馆杨玉彬先生提供。

[22] 该铜镜于 1973 年出土于安徽阜阳地区茨淮新河利辛段工地的一座东汉砖室墓中，对于认识汉代铜镜"车马出行"图像的神话学内涵有重要启示意义。杨玉彬从本镜四组图像内涵的考释出发，梳理了 61 件东汉神人车马画像镜的四类要素，即车马配组模式、西王母和东王公配组模式、车马出行的行进方向、镜图填衬物象，认为这类图式并非反映现实生活中的车骑制度或仙界中仙人乘骑出游的情节，而是在表达"升仙过程"的场景。杨玉彬：《阜阳汉代铜镜研究》，合肥工业大学出版社，2017 年，第 259~280 页。

[23] 该画像石的右下方有三座馒头状的坟丘，一股浓浓的云气从最高大的坟丘顶部升起直达天际。在漫天的云气中，云头都幻化成鸟头状，众多肩生双翼的男女仙人隐现其中。云气上方的右边，端坐着头戴花冠、双肩生翼的西王母；云气上方的正中央，端坐着胡须外撇、双肩生翼的东王公。滚滚云气中，两辆马车分别驶向西王母与东王公。画面中虽然看不到祠主的形象，但由于升仙的云气都是从坟丘中冒出的，说明坐在马车中乘云气升仙的只能是墓主即祠主夫妇。两辆马车的后部和马的肩部都有羽翼，表明这是升仙专用的马车。信立祥：《汉代画像石综合研究》，文物出版社，2000 年，第 159~161 页。

[24] 中国画像石全集编辑委员会 编：《中国画像石全集》第 1 卷，山东美术出版社，2000 年，第 62 页。

[25] 早期人类的认知中巫、医是联结一体的，从用药治病到以药求长生是一个经验性推理和想象的过程，这类"仙药"的功能也多记载于先秦文献中。张文安：《周秦两汉神仙信仰研究》，郑州大学博士学位论文，2005 年，第 64~68 页。

[26] 漆器画像及铜镜镜背图案中，仙人或羽人有关图像常见其手中所持之物，形似《山海经》中所载的"三株树"，通过《大荒西经》《淮南子》等文献的记载，推测其应与升仙有关。孙作云：《孙作云文集——中国古代神话传说研究下》，河南大学出版社，2003 年，第 576~579 页。

[27] 古方 主编：《中国出土玉器全集》第14卷，科学出版社，2005年，第157页。

[28] 龚廷万、龚玉、戴嘉陵 编著：《巴蜀汉代画像集》，文物出版社，1998年，图261。

[29] 从服用草本药发展至服用金石丹药，是一种"感觉经验上的挪移"，即服用金石不朽之物可使人的身体也具备相关特性，东汉魏伯阳的《周易参同契》与东晋葛洪的《抱朴子内篇》中有将金石视为"药之上者""宝万物"的观点。张文安：《周秦两汉神仙信仰研究》，郑州大学博士学位论文，2005年，第66页。

[30] a. 广州西汉南越王墓中出土了紫水晶、绿松石、雄黄、硫磺、赭石等五色药石，还有羚羊角等名贵药材，另外还有用于捣药的铜臼杵。西汉南越王博物馆编著：《西汉南越王博物馆》，广东人民出版社，2017年，第140~141页。

b. 南昌西汉海昏侯墓中除了有铜臼杵外，还出土有松烟墨、虫草等。江西省博物馆 编：《惊世大发现——南昌汉代海昏侯国考古成果展》，江西美术出版社，2018年，第104页。芦迪：《关于海昏侯墓出土虫草的思考》，《食用菌》2016年第3期。

[31] 何丹：《海昏侯墓"孔子衣镜"与西汉西王母信仰》，《诸子学刊》（第十六辑），上海古籍出版社，2018年，第110~115页。

[32] a. 深圳市文物管理办公室、深圳博物馆、深圳市文物考古鉴定所 编：《镜涵春秋——青峰泉、三镜堂藏中国古代铜镜》，文物出版社，2012年，第173页。
b. 曾昭燏、蒋宝庚、黎忠义：《沂南古画像石墓发掘报告》，文化部文物管理局，1956年，图版24~27。

[33] 杨玉彬：《阜阳汉代铜镜研究》，合肥工业大学出版社，2017年，第103~106、212页。

[34] 西汉南越王博物馆 编著：《西汉南越王博物馆》，广东人民出版社，2017年，第140页。

[35] 中国画像石全集编辑委员会 编：《中国画像石全集》第1卷，山东美术出版社，2000年，第134页。

[36] 行气即呼吸吐纳，导引即形体的屈伸俯仰，古代文献及战汉出土文物中均有相关记载。李零：《中国方术考》，北京东方出版社，2001年，第342、356页。

[37] a. 古代医术不发达，治病以祝由、行气导引为主；《移精变气论》载古人"动作以避寒"，推测其为导引之源。李零：《中国方术考》，北京东方出版社，2001年，第357页。

b. 先秦文献中有舞蹈最初是用以治病、驱寒的记载，巫师、舞蹈与巫医之间的联系或可视为导引术的前身。张文安：《周秦两汉神仙信仰研究》，郑州大学博士学位论文，2005年，第79~80页。

[38] a. 邵学海指出，所谓的羽人舞蹈状其实是道引。《楚辞·九歌》曰："灵连蜷兮既留。"东汉王逸注："连蜷，巫引神道引貌也。……（羽人）颜貌矜庄，形体连蜷，神则欢喜，必留而止。"邵学海：《〈楚辞〉门外话"羽人"——关于羽人缘起、信仰及图像传播》，《中国楚辞学（第14辑）：2007年浙江杭州屈原及楚辞学国际学术研讨会论文集》，学苑出版社，2011年，第236~237页。

b. 贺西林指出，汉代羽人常在龙、虎、鹿、鸟、熊等各种祥禽瑞兽间游走跳跃、屈伸俯仰、轻举升腾，与之嬉戏共舞，二者之间明显存在互动的关系，似有某种交感与呼应。他认为羽人的这种举止状态很像所谓的行气导引。在考察了《庄子·刻意》《淮南子·精神训》《后汉书·华佗传》《抱朴子·内篇·杂应》等文献所载模仿龙、虎、熊、鸟、猿等动物姿态导引术的内容之后，他进一步认为羽人与祥禽瑞兽共舞，很可能是在演示既能巩固自身、亦能帮助众生延年益寿甚至不老不死的行气导引之法。贺西林：《汉代艺术中的羽人及其象征意义》，《文物》2010年第7期，第52~53页。

c. 杨玉彬建议要区分汉镜图像中"羽人饲龙"与"羽人戏龙"的内涵。前者羽人手持丹药或芝草，表现了"服食升仙"的内容；后者羽人手中不持一物，则是承载了"导引"的内涵。杨玉彬：《阜阳汉代铜镜研究》，合肥工业大学出版社，2017年，第103~106页。

[39] （清）郭庆藩 撰，王孝鱼 点校：《庄子集释》，中华书局，1961年，第535页。

[40] "赵谏议本道作导，下同。"（清）郭庆藩 撰，王孝鱼 点校：《庄子集释》，中华书局，1961年，第535页。

[41] 李零：《中国方术考》，北京东方出版社，2001年，第357~358页。

[42] 山西博物院、湖南省博物馆 编著：《马王堆汉墓文物精华》，山西人民出版社，2011年，第100页。

[43] 西安市文物保护考古所 编著：《西安文物精华·铜镜》，世界图书出版公司，2008年，第41页。

2.5　共 12 件展品

2.5.1

2.5.1.1　展品 2 件

展品编号	055
图版号	图版 53
展品名称	西王母神兽博局纹铜镜
解读对象	局部纹饰：西王母、白虎

展品编号	056
图版号	图版 54
展品名称	"汉有善铜"西王母神兽博局纹铜镜
解读对象	局部纹饰：独角神兽、西王母

展台类型	斜面展台

2.5.1.2　展品 1 件

展品编号	057
图版号	图版 55
展品名称	"统德序道"西王母东王公纹铜镜
解读对象	局部纹饰：西王母、东王公

展台类型	斜面展台

2.5　神仙

2.5.1　西王母地位的演变

2.5.1.1　独尊的西王母

（斜面展台内容）

西王母是汉代最重要的神祇之一，但其形象和地位在不断演变[1]。

《山海经》中的西王母是一个"豹尾虎齿"的凶神形象，而在西汉《大人赋》中则变成一位"暠然白首"的仙人。西汉《淮南子·览冥训》中"羿请不死之药于西王母"[2]，更是将西王母当成掌管不死之药的仙人。

（展板内容）

《山海经》的西王母，"其状如人，豹尾虎齿，善啸，蓬发戴胜"[3]；《大人赋》的西王母，"暠然白首，戴胜而穴处兮"[4]。两者描述的西王母都有一个显著特征——戴胜。

胜，是妇人的一种首饰，位于簪子的前端部[5]。在先秦、汉代的文献与画像中，胜几乎成为西王母专用的标志性妆饰物[6]。

东汉中晚期后，西王母头饰变得多样，出现了当时流行的垂髾髻、高髻、副笄六珈，有的甚至饰以具有地方特色的帽[7]。

戴胜的西王母与捣药玉兔、九尾狐、蟾蜍[8]
河南偃师辛村新莽墓壁画

2.5.1.2　西王母与东王公

（斜面展台内容）

最迟至西汉晚期，西王母信仰走向兴盛。但在很长一段时间内，西王母一直是独尊的仙人形象，且没有与之相对应的男性主神。

随着阴阳五行学说的发展与影响[9]，一个与西王母平起平坐的男性神祇——东王公，被创造出来了[10]。

（展板内容）

（哀帝）四年春，大旱。关东民传行西王母筹，经历郡国，西入关至京师。民又会聚祠西王母，或夜持火上屋，击鼓号呼相惊恐。[11]

——《汉书·哀帝纪》

哀帝建平四年正月，民惊走，持稾或棷一枚，传相付与，曰行诏筹。道中相过逢多至千数，或被发徒践，或夜折关，或逾墙入，或乘车骑奔驰，以置驿传行，经历郡国二十六，至京师。其夏，京师郡国民聚会里巷阡陌，设张博具，歌舞祠西王母。又传书曰："母告百姓，佩此书者不死。不信我言，视门枢下，当有白发。"至秋止。[12]

——《汉书·五行志》

西汉哀帝建平四年（公元前 3 年），出现了传行"西王母筹"、祭

展品编号	058
图版号	图版 56
展品名称	"天王日月"神人神兽纹铜镜
解读对象	局部纹饰：黄帝、伯牙与子期、西王母、东王公

展台类型	斜面展台

展品编号	059
图版号	图版 57
展品名称	重列式神人神兽纹铜镜
解读对象	全部纹饰

展台类型	斜面展台

祀西王母的全国性运动。该运动自正月至秋季，席卷京师和二十六个郡国。《汉书》的《哀帝纪》与《五行志》对此有详细记载。

此前通过对汉代画像的梳理，学界认为东王公图像出现较晚，不早于东汉中期（约公元 2 世纪）[13]。

但西汉海昏侯刘贺墓（刘贺亡于公元前 59 年）出土的"孔子衣镜"，更新了学界的认知[14][15]。

该衣镜的镜框上出现了西王母和东王公的图像，镜盖上题有《衣镜赋》，其中就有"西王母兮东王公，福熹所归兮淳恩臧"之句[16]。

西王母与东王公[17]
江西南昌西汉海昏侯墓出土"孔子衣镜"镜框与镜盖复原摹本

2.5.1.3 西王母、东王公、黄帝、伯牙和子期
（斜面展台内容）

在画像镜中，与西王母、东王公相搭配的一般是车马、神兽，西王母与东王公是唯二的主神。

但在装饰有半圆和方枚的神兽镜中，则有西王母、东王公、黄帝[18]、伯牙和子期[19]等四组神人。这表明在东汉的造神运动中，不同的祀神体系、神话传说互相糅合[20]，西王母、东王公的主神地位渐趋式微。

2.5.1.4 重列式神人
（斜面展台内容）

重列式神兽镜打破了以往以镜纽为中心的布局方式，依照方位与天象对应的原则上下分行排列[21]。

西王母与东王公只是众神序列中的一员，其主神地位不再凸显[22]。

这种变化，反映了东汉晚期原始道教整合改造新旧神人、构建一个尊卑有序的神仙谱系的影响[23]。

2.5.2 西王母及其侍神

2.5.2.1 西王母的侍神配置
（斜面展台内容）

在汉代的画像砖石中，作为主神的西王母有着较为稳定的神禽异兽及仙界景观的物象配置[24]。

其中，出现频度最高的是捣药玉兔、九尾狐、三足乌、蟾蜍、羽人、仙草、药樽、龙虎座等。作为彰显仙界特征的"符号"，它们与主神一起，构成了丰富多彩的西王母神仙世界[25]。

2.5.2

2.5.2.1 展品 2 件

展品编号	060
图版号	图版 58
展品名称	西王母神兽博局纹铜镜
解读对象	局部纹饰：西王母、朱雀、羽人与青龙、龟（玄武）、捣药玉兔、熊、羽人

展品编号	061
图版号	图版 59
展品名称	"杜氏"五乳西王母神兽纹铜镜
解读对象	局部纹饰：西王母、捣药玉兔；局部铭文："上西王母与王女"

展台类型	斜面展台

2.5.2.2 展品 3 件

展品编号	062
图版号	图版 60
展品名称	"长宜子孙"四乳神兽纹铜镜
解读对象	局部纹饰：九尾狐

2.5.2.2 九尾狐、三足乌、蟾蜍

（斜面展台内容）

九尾狐既是西王母仙界中常见的神兽[26]，也是像凤凰、麒麟、白鹿等一样的祥瑞动物。

东汉《白虎通·封禅》载："德至鸟兽，则凤皇翔，鸾鸟舞，麒麟臻，白虎到，狐九尾，白雉降，白鹿见，白鸟下。"[27][28]

在汉代神话中，三足乌是日精，也是被西王母役使的取食鸟。如东汉张揖曰："三足乌，三足青鸟也，主为西王母取食。"[29]

蟾蜍是月精，也与西王母的不死之药有关联。如西汉《淮南子·览冥训》载："羿请不死之药于西王母，姮娥窃以奔月，托身于月，是为蟾蜍，而为月精。"[30]

（展板内容）

稷为尧使，西见王母。拜请百福，赐我善子。[31]

引髯牵头，虽拘无忧。王母善祷，祸不成灾。[32]

王母多福，天禄所伏。居之宠光，君子有福。[33]

患解忧除，皇（王）母相於（予）。与喜俱来，使我安居。[34]

西逢王母，慈我九子。相对欢喜，王孙万户，家蒙福祉。[35]

弱水之西，有西王母。生不知死，与天相保。行者危殆，利居善喜。[36]

——汉代《易林》中关于西王母神性功能的描写

东汉西王母画像砖（拓片）[37]
四川成都新都区新繁镇出土

2.5.3 神人乐舞

2.5.3.1 "王女作倡"

（斜面展台内容）

有一件私人收藏的"邹氏作竟"神人舞蹈画像纹铜镜[38]，镜中描绘了这样一幅场景：在鼗鼓和叠案倒立的助兴下，作为倡优（即歌舞演员）的王女挥舞长袖，为西王母、东王公翩翩起舞。这既是人间宴乐场景对仙界的映射，也有为祈福禳灾而娱神的作用。

展品编号	063
图版号	图版 61
展品名称	"长宜子孙"神兽博局纹铜镜
解读对象	局部纹饰：九尾狐、三足乌

展品编号	064
图版号	图版 62
展品名称	神兽博局纹铜镜
解读对象	局部纹饰：蟾蜍

展台类型	斜面展台

2.5.3

2.5.3.1　无展品

2.5.3.2　展品 2 件

展品编号	065
图版号	图版 63
展品名称	七乳神人舞乐纹铜镜
解读对象	局部纹饰：吹笛、鼓琴瑟、击铙、跳丸

在汉代，乐舞百戏有两种功能：其一为娱神，即用于祭祀神灵，祈求福祥；其二为娱人，为宴飨中的宾主助兴[39]。

如东汉张衡《舞赋》载："且夫九德之歌，九韶之舞，化如凯风，泽譬时雨。移风易俗，混一齐楚。以祀则神祇来假，以飨则宾主乐胥。"[40]

冀鼓（左上），玉女舞蹈图像与"玉女作昌（倡）"榜题（中），叠案倒立（右上）

2.5.3.2　神兽乐舞与傩戏

（斜面展台内容）

两镜中有羽人、神兽在表演乐舞百戏[41]，这既可能是描绘仙界以乐舞为神人助兴的场景，也应该是对人间傩仪的一种反映。

傩，是一种以禳鬼和酬神为主体内容、以佩戴面具模拟表演歌舞或戏剧为主要形式的巫术活动[42]。较之于周代浓厚的巫术色彩，汉代的傩仪增加了更多的娱乐成分[43]。

如东汉张衡《西京赋》在描写宫内乐舞场景时提到："总会仙倡，戏豹舞罴。白虎鼓瑟，苍龙吹篪。"[44][45]歌舞者装扮成豹、熊、虎、龙，应是傩仪与娱乐的融合。

（展板内容）

西王母宴乐图[46]
陕西定边郝滩乡汉墓出土壁画

（展板内容）

图中西王母端坐于昆仑山上，众多仙人前来赴宴，龙、蟾蜍等神兽以舞乐助兴，与铜镜中的神兽舞乐类同。

2.5.3.3　汉镜神人乐舞纹饰中的舞蹈、杂技与乐器

（展板内容）

长沙马王堆西汉一号墓出土的黑地彩绘漆棺（第二重棺）描绘了110多个神怪图案，其中"神仙对舞""怪神弹琴""怪神双舞""怪神对奏"等图案与铜镜上乐舞百戏的神人、神兽形象相近，应该表达了相同的情境。

这些乐舞百戏的神人神兽的舞态、杂技动作、乐器等，应来源于汉代现实生活中的场景。

展品编号	066
图版号	图版 64
展品名称	"角王巨虚"七乳神人舞乐纹铜镜
解读对象	局部纹饰：吹排箫、鼓琴瑟、击铙、舞蹈

展台类型	斜面展台

2.5.3.3　无展品

怪神对奏　　　神仙对舞

怪神双舞　　　怪神弹奏

湖南长沙马王堆西汉一号墓出土的黑地彩绘漆棺[47]

舞蹈

长袖舞：舞人手中不持一物，凭借长袖交绕飞舞的千姿百态来表达各种复杂的思想感情[48]。

鼗舞：舞人手持鼗鼓而舞[50]。鼗，即鼗鼓，鼓身两侧系绳，绳端系一圆球，摇之发音[51]。

四川成都郊出土东汉宴乐画像砖[49]　山东滕县龙阳店出土汉代乐舞画像石[52]

杂技

叠案倒立：伎人在案上倒立，案数不等，最多达十二案之多。这种技艺要求伎人有较高的胆量和平衡能力[53]。

跳丸、跳剑：伎人用手耍弄、抛接丸球、剑等物体，或同时抛接丸球和剑[55]。

四川彭州太平场出土东汉百戏画像砖[54]　四川彭州太平场出土东汉百戏画像砖[56]

乐器

笛：笛是一种竹类单管乐器。汉魏时期无论竖吹、横吹都可称之为"笛"。唐宋时期始渐明确横吹单管竹类乐器称为"笛"，竖吹者称为"箫"[57]。

箫：箫是一种竹类编管乐器，因此习惯上称为"排箫"，汉代也称为"洞箫"，是古代乐队中主要的乐器之一[59]。

四川遂宁东汉崖墓出土陶吹笛俑[58]　河北定州严家庄 M78 出土汉代排箫俑[60]

铙：铙是一种金属打击乐器，使用时手执其柄用槌敲击。商周时期的铙一般是多个成编演奏，汉代则是单个演奏[61]。

河南安阳孝民屯南 M699 出土商代"中"铜编铙[62]　　山东临沂出土汉画像石中的击铙图像[63]

琴与瑟：琴、瑟是中国的传统丝弦乐器。汉代的琴为七弦，利用按弦时变更振动弦分，在一根弦上奏出不同的音；瑟有二十五弦，一弦一音，尾端有系弦的木枘[64]。

四川博物院藏陶抚琴俑[65]　　四川博物院藏石鼓瑟俑[66]

2.5.4　小结

（展板内容）

神仙

图绘如此丰富的神仙及其侍者，是汉镜有别于其他时期铜镜的鲜明特征之一。

这种神人与铜镜的组合，并非简单的装饰，更像是希望通过两者的"力量"而有所得。

"吾作明镜，幽涷三商，天王日月，上有东王父西王母，仙人子乔赤松子，用者大吉，生如金石，位至三公，长乐未央。"[67]

这句镜铭的后四句，分别是福、寿、禄、喜等四类人间福祉，或许正是铜镜图绘众神的用意。

注释：

[1]　a. 信立祥：《汉代画像石综合研究》，文物出版社，2000 年，第 143~161 页。b. 杨玉彬：《阜阳汉代铜镜研究》，合肥工业大学出版社，2017 年，第 327~344 页。c. 毛娜：《汉画西王母图像研究》，郑州大学博士学位论文，2016 年，第 17~25 页。d. 魏晓虹：《试论西王母形象的演变》，《太原大学学报》2006 年第 4 期。

[2]　西汉《淮南子·览冥训》载："羿请不死之药于西王母，姮娥窃以奔月，托身于月，是为蟾蜍，而为月精。"刘文典 撰，冯逸、乔华 点校：《淮南鸿烈集解》，中华书局，1989 年，第 260 页。

[3]　《山海经·西山经》载："又西三百五十里，曰玉山，是西王母所居也。西王母其状如人，豹尾虎齿而善啸，蓬发戴胜，是司天之厉及五残。"《山海经·海内北经》载："西王母梯几而戴胜杖，其南有三青鸟，为西王母取食。"《山海经·大荒西经》载："西海之南，流沙之滨，赤水之后，黑水之前，有大山，名曰昆仑之丘。……有人，戴胜，虎齿，有豹尾，穴处，名曰西王母。"袁珂 校注：《山海经校注》，北京联合出版公司，2014 年，第 45、267、344 页。

[4]　西汉司马相如《大人赋》曰："吾乃今日睹西王母，暠然白首，戴胜而穴处兮，亦幸有三足乌为之使。必长生若此而不死兮，虽济万世不足以喜。"（东汉）班固 撰，（唐）颜师古 注：《汉书》卷五十七《司马相如传下》，中华书局，1962 年，第 2596 页。

[5]　a. 唐代颜师古曰："胜，妇人首饰也，汉代谓之华胜。"（东汉）班固 撰，（唐）颜师古 注：《汉书》卷五十七《司马相如传下》，中华书局，1962 年，第 2598 页。

b.《释名·释首饰》载："华胜：华，象草木华也；胜，言人形容正等，一人著之则胜也，敝发前为饰也。"（东汉）刘熙 撰：《释名》，中华书局，1985 年，第 75 页。

c.《后汉书·舆服志》载："簪以瑇瑁为擿，长一尺，端为华胜，上为凤皇爵，以翡翠为毛羽，下有白珠，垂黄金镊。"（南朝宋）范晔 撰，（唐）李贤 等注：《后汉书》志第三十《舆服下》，中华书局，1965 年，第 3676 页。

[6]　a. 孙机：《汉代物质文化资料图说》（增订本），上海古籍出版社，2011 年，第 283 页。b. 杨玉彬：《阜阳汉代铜镜研究》，合肥工业大学出版社，2017 年，第 352 页。

[7]　张富泉：《论东王公、西王母图像的流变及特征》，暨南大学硕士学位论文，2012 年，第 6 页。

[8]　徐光冀 主编：《中国出土壁画全集》第 5 卷，科学出版社，2012 年，第 46 页。

[9]　巫鸿认为，西王母代表了"阴"的概念，东王公则与"阳"的概念密切相关。他指出，对于汉代人来说，阴阳不是抽象的教条，而是万物内在的本质。他们把阴阳概念推而广之，运用到对所有社会和自然现象的解释中，创造了许多具体的象征阴阳的物象。伏羲和女娲原本是两个互不相干的神祇，但在汉代神话中被配成一对，东王公的创造也出于相同的动机。[美] 巫鸿 著，柳杨、岑河 译：《武梁祠——中国古代画像艺术的思想性》，生活·读书·新知三联书店，2015 年，第 128~135 页。

[10]　东汉中期以后，作为与西王母相对应的男性仙人，东王父（亦称东王公）终于在群众性造仙运动中被人们创造出来。信立祥：《汉代画像石综合研究》，文物出版社，2000 年，第 156 页。

[11]　（东汉）班固 撰，（唐）颜师古 注：《汉书》卷十一《哀帝纪》，中华书局，1962 年，第 342 页。

[12]　（东汉）班固 撰，（唐）颜师古 注：《汉书》卷二十七《五行志下》，中华书局，1962 年，第 1476 页。

[13]　a. 信立祥：《汉代画像石综合研究》，文物出版社，2000 年，第 154 页。b. [美] 巫鸿 著，柳杨、岑河 译：《武梁祠——中国古代画像艺术的思想性》，生活·读书·新知三联书店，2015 年，第 125 页。

[14]　何丹认为，至高独尊的西王母会与东王公在"孔子镜屏"中一同出现，在于西汉中期的人对当时社会浓厚的阴阳观念的迎合。当时流传的文献多有这种阴阳观念表述，如《淮南子·精神训》云："有二神混生，经天营地。孔乎莫知其所终极，滔乎莫知其所止息。于是乃别阴阳，离为八极，刚柔相成，万物乃形。"何丹：《海昏侯墓"孔子衣镜"与西汉西王母信仰》，《诸子学刊》（第十六辑），上海古籍出版社，2018 年，第 118~120 页。

[15] 有一种关联值得注意，即山东地区与西王母东王公起源的关系：

a.《汉书》中记载的哀帝建平四年（公元前3年）的西王母运动，起源于"关东"，即函谷关以东地区。德效骞强调这场运动可能源于山东。H.H.Dubs,"An Ancient Chinese Cult."Harvard Theological Review 35, 1942: p.236. 转引自［美］巫鸿著，柳杨、岑河译：《武梁祠——中国古代画像艺术的思想性》，生活·读书·新知三联书店，2015年，第147页。

b.刘宗迪认为，早期文献中关于西王母地望的记述，几乎全出自《山海经》，而《山海经》诸篇西王母说又全是《山海经·大荒经》的支脉。他认为《大荒经》中的七对日月出入之山是用来观测日出日落方位以定时节和月份的地面标志物，《大荒经》中的四极之山是用来观测天象确定方位的基准，并指出《大荒经》记载这些山峰，旨在建构一个基于大地的天文观测坐标系统，而构成这个系统的山峰，必须在人的肉眼视力所及范围之内。他进一步分析了《大荒经》记载"北齐之国"的地理位置，认为《大荒经》所描述的地理范围只是山东境内方圆百里的地区，并进一步认为西王母信仰最早源自山东地区。刘宗迪：《从东土女神到西国女酋：西王母新考》，《神话中国：中国神话学的反思与开拓》，生活·读书·新知三联书店，2019年，第360~373页。

c.巫鸿也指出，东王公与西王母配对表现阴阳观念，主要发生在中国东部。在另一个画像中心——四川，东王公形象在整个东汉时期都很少见。他指出，东王公在东部流行的原因，是由于山东乃阴阳学派和汉代儒学的发源地。［美］巫鸿著，柳杨、岑河译：《武梁祠——中国古代画像艺术的思想性》，生活·读书·新知三联书店，2015年，第134页。

需要指出的是，海昏侯刘贺的埋葬年代早于哀帝建平四年（公元前3年）50余年，他墓中"孔子衣镜"中西王母东王公的形象与记述，是早于西王母成为全国性信仰的。"孔子衣镜"应为他生前用品，说明他生前就对西王母东王公有所了解，甚至有可能早于他被立为皇帝之时（公元前74年）。而刘贺最初为昌邑王，受封于昌邑国，即今山东省菏泽市巨野县。

[16] 王意乐、徐长青、杨军、管理：《海昏侯刘贺墓出土孔子衣镜》，《南方文物》2016年第3期，第62~64页。

[17] 王楚宁：《江西南昌西汉海昏侯刘贺墓出土"孔子镜屏"复原研究》，《文物》2022年第3期，图一一。

[18] a.这类半圆方枚神兽纹铜镜中，与伯牙夹钮相对的神人通常被认为是黄帝。其依据大概有两点：1.这类铜镜中常有"伯牙陈乐，众神见容"之类的铭文，而稍后的重列式神人纹铜镜中有"伯牙弹琴，黄帝除凶"的铭文，可见铜镜中伯牙与黄帝存在某种关联；2.这类铜镜中有部分黄帝头戴冕旒，明显为帝王形象，如上海博物馆的永康元年铜镜（上海博物馆编：《练形神冶莹质良工——上海博物馆藏铜镜精品》，上海书画出版社，2005年，图54）。

b.早在西汉之前，黄帝作为上古帝王、人文初祖的形象便已深入人心，黄帝征伐残暴的蚩尤的记载也见于《史记·五帝本纪》。另外，在汉代阴阳五行学说的影响下，除了上古帝王的身份外，黄帝还是五天帝中的中央天帝，如《淮南子·天文训》载："中央，土也，其帝黄帝，其佐后土，执绳而制四方。"这或许就是汉镜中有黄帝图像与"黄帝除凶"铭文的原因。王卉：《东汉镜铭中的"黄帝"与"伯牙"》，《宁夏社会科学》2011年第1期，第158~159页。

[19] a.这类铜镜中的抚琴图像被认为是伯牙与子期，其依据主要是两点：1.这类铜镜及重列式神人纹铜镜中有"伯牙陈乐""伯牙弹琴"的铭文；2.这类图像一般描绘了两人，一人在抚琴，一人在低头聆听，与文献中伯牙子期的传说相近。

b.伯牙弹琴的图像，为何会与具备明显神格特征的西王母、东王公、黄帝同绘于一件铜镜之上？关于这一问题的回答大致有以下几种解释：1.从镜铭"伯牙陈乐，众神见容"推断，伯牙弹琴有"娱神""招神"的作用；2.汉代蔡邕《琴操·水仙操》的记载将伯牙与蓬莱仙山联系起来，而《后汉书·仲长统传》以及《资治通鉴·汉纪》关于张津的记载，均将抚琴与升仙联系起来，可见伯牙弹琴或许有助人升仙的作用。

杨玉彬：《阜阳汉代铜镜研究》，合肥工业大学出版社，2017年，第249页。李美燕：《东汉神兽镜中的"伯牙弹琴"图初探》，《艺术评论》第36期，台北艺术大学，2019年，第155~162页。吕勤娟：《汉镜图像中的"伯牙弹琴"神话》，《文物鉴定与鉴赏》2014年第11期，第62页。王卉：《东汉镜铭中的"黄帝"与"伯牙"》，《宁夏社会科学》2011年第1期，第159~160页。深圳市文物管理办公室、深圳博物馆、深圳市文物考古鉴定所编：《镜涵春秋——青峰泉、三镜堂藏中国古代铜镜》，文物出版社，2012年，第139页。

[20] 杨玉彬：《阜阳汉代铜镜研究》，合肥工业大学出版

社，2017年，第245~246页。

[21] "（神兽镜）的镜铭强调的是'众神现容'和'上应列宿'。……（重列式神兽镜）使神像系统出现了全新排列，这些众神在镜面上组成了上下五层、内外两圈的构图结构，成为当时最为完备的神像图谱。排列方式与方位被认为对应于天象。"李淞：《汉代铜镜所见有关道教和神话的图像》，《湖北美术学院学报》2011年第1期，第8页。

[22] 杨玉彬：《阜阳汉代铜镜研究》，合肥工业大学出版社，2017年，第337页。

[23] a.杨玉彬：《阜阳汉代铜镜研究》，合肥工业大学出版社，2017年，第216~219页。b.马瑗：《从重列式神兽镜看吴地神仙信仰的变迁》，中央美术学院硕士学位论文，2020年，第73~76页。

[24] 杨玉彬：《阜阳汉代铜镜研究》，合肥工业大学出版社，2017年，第347页。

[25] 杨玉彬：《阜阳汉代铜镜研究》，合肥工业大学出版社，2017年，第347页。

[26] a.九尾狐出现在西王母、东王公图像系统中的原因，说法众多。一说祥瑞，认为狐是一种祥瑞动物，它的出现意味着西王母的仁慈；一说其功用在于协助死者登入仙境，认为九尾狐的出现或许与萨满教信仰中以动物精灵托教徒之躯入神界观见有关。张富泉：《论东王公、西王母图像的流变及特征》，暨南大学硕士学位论文，2012年，第20页。

b.图版60、61的两件铜镜，九尾狐与三足乌相互配置，似乎暗示九尾狐与三足乌存在某种关联。有意思的是，汉代艺术中的九尾狐主要出现在两种图像系统中：一个是西王母图像系统，九尾狐作为西王母的伴生形象出现，是可以辟邪的祥瑞。另一个是日月图像系统，九尾狐与三足乌出现于日轮中，蟾蜍与玉兔出现于月轮中，这类图像主要见于山东。戴璐：《汉代艺术中的九尾狐形象研究》，《民族艺术》2013年第3期。

[27] （清）陈立 撰，吴则虞 点校：《白虎通疏证》，中华书局，1994年，第284页。

[28] 《白虎通·封禅》还有关于九尾狐的其他记载："狐九尾何？狐死首邱，不忘本也，明安不忘危也。必九尾者何？九妃得其所，子孙繁息也。于尾者何？明后当盛也。"（清代 陈立 撰，吴则虞 点校：《白虎通疏证》，中华书局，1994年，第286~287页）表明九尾狐还有子孙繁衍旺盛的寓意。

[29] 见张揖注《大人赋》"（西王母）亦幸有三足乌为之使"之句。（东汉）班固 撰，（唐）颜师古 注：《汉书》卷五十七《司马相如传下》，中华书局，1962年，第2598页。

[30] 刘文典 撰，冯逸、乔华 点校：《淮南鸿烈集解》，中华书局，1989年，第260页。

[31] 见《易林》卷第一"坤之噬嗑"。"善"，津逮本作"嘉"。（汉）焦延寿 著，（元）无名氏 注，马新钦 点校：《易林》，凤凰出版社，2017年，第25页。

[32] 见《易林》卷第二"讼之需"。"髯"，原作"船"，据津逮本改。"头"，津逮本作"须"，"拘"作"惧"。（汉）焦延寿 著，（元）无名氏 注，马新钦 点校：《易林》，凤凰出版社，2017年，第76页。

[33] 见《易林》卷第六"剥之观"。（汉）焦延寿 著，（元）无名氏 注，马新钦 点校：《易林》，凤凰出版社，2017年，第302页。

[34] 见《易林》卷第一"蒙之巽"。"皇"，士礼居本、津逮本作"王"，"王"通"皇"。"於"，津逮本作"予"。（汉）焦延寿 著，（元）无名氏 注，马新钦 点校：《易林》，凤凰出版社，2017年，第60页。

[35] 见《易林》卷第十三"鼎之萃"。（汉）焦延寿 著，（元）无名氏 注，马新钦 点校：《易林》，凤凰出版社，2017年，第665页。

[36] 见《易林》卷第二"讼之泰"。第五、六句原无，据津逮本补。（汉）焦延寿 著，（元）无名氏 点校：《易林》，凤凰出版社，2017年，第77页。

[37] 深圳博物馆 编：《巴蜀汉风——川渝地区汉代精品文物》，文物出版社，2019年，第125页。

[38] 深圳市文物管理办公室、深圳博物馆、深圳市文物考古鉴定所 编：《镜涵春秋——青峰泉、三镜堂藏中国古代铜镜》，文物出版社，2012年，图97。此件铜镜原系本次展览的拟借展品之一，后因展期冲突未能得偿所愿。

[39] 汉代的舞和乐一样出现在祭祀、礼仪、宴享中，也具有娱人和娱神两种功能。娱神乐是指使用于祭祀活动中取悦神明的乐；娱人乐是指以取悦、娱乐人为目的的乐。杜鹃：《汉代乐舞研究》，现代教育出版社，2014年，第103、20页。

[40] （唐）徐坚 等著：《初学记》卷第十五《舞第五》，中华书局，1962年，第381页。

[41] 部分有着类似纹饰的多乳铜镜，有"禽兽为倡""神人坐倡"的铭文。如，寿县博物馆藏有一件"尚方"六乳禽兽纹铜镜，铭文为"尚方作竟（镜）大毋伤，巧又（工）刻之成文章，八禽九守（兽）更为倡，兽如大山乐未央，浮游天下敖四方兮"，六乳间则有神人奏琴瑟、神人驯兽、青龙、白虎、朱雀、玄武、猴、熊、兔、鱼等纹饰。又如，安徽博物院藏有一件"泰山"多乳神兽纹铜镜，铭文为"泰山作竟（镜）自有方，汉中善同（铜）出丹杨（阳），和以银锡清且明，上有神人作坐倡，乐哉未央兮"。主纹分内外两周，内周为人物宴乐、玉兔捣药等纹饰；外周为青龙、白虎、朱雀、玄武及羽人纹饰。安徽博物院编：《镜里乾坤——铜镜背后的故事》，人民美术出版社，2013年，第8、112页。

[42] 郭净：《试论傩仪的历史演变》，《思想战线》1989年第1期，第74页。

[43] 黎国涛：《东汉禁中大傩仪执事官考》，《民族艺术》2010年第3期，第48页。

[44] （南朝梁）萧统编，（唐）李善、吕延济、刘良、张铣、吕向、李周翰注：《六臣注文选》卷二《张平子西京赋一首》，中华书局，1987年，第59页。

[45] 三国吴的薛综注"总会仙倡"之句曰："仙倡，伪作假形，谓如神也。羆豹熊虎，皆为假头。"（南朝梁）萧统编，（唐）李善、吕延济、刘良、张铣、吕向、李周翰注：《六臣注文选》卷二《张平子西京赋一首》，中华书局，1987年，第59页。

[46] 徐光冀 主编：《中国出土壁画全集》第6卷，科学出版社，2012年，第65页。

[47] 湖南省博物馆 编：《长沙马王堆汉墓陈列》，中华书局，2017年，第297~298页。

[48] 萧亢达：《汉代乐舞百戏艺术研究》（修订版），文物出版社，2010年，第177页。

[49] 龚廷万、龚玉、戴嘉陵 编著：《巴蜀汉代画像集》，文物出版社，1998年，图64。

[50] 杜鹃：《汉代乐舞研究》，现代教育出版社，2014年，第145页。

[51] 萧亢达：《汉代乐舞百戏艺术研究》（修订版），文物出版社，2010年，第71页。

[52] 山东省博物馆、山东省文物考古研究所编：《山东汉画像石选集》，齐鲁书社，1982年，图257。

[53] 萧亢达：《汉代乐舞百戏艺术研究》（修订版），文物出版社，2010年，第215页。

[54] 龚廷万、龚玉、戴嘉陵 编著：《巴蜀汉代画像集》，文物出版社，1998年，图96。

[55] 萧亢达：《汉代乐舞百戏艺术研究》（修订版），文物出版社，2010年，第221~224页。

[56] 龚廷万、龚玉、戴嘉陵 编著：《巴蜀汉代画像集》，文物出版社，1998年，图96。

[57] 萧亢达：《汉代乐舞百戏艺术研究》（修订版），文物出版社，2010年，第115页。

[58] 深圳博物馆 编：《巴蜀汉风——川渝地区汉代文物精品》，文物出版社，2019年，第53页。

[59] 萧亢达：《汉代乐舞百戏艺术研究》（修订版），文物出版社，2010年，第110页。

[60] 《中国音乐文物大系》总编辑部 编：《中国音乐文物大系Ⅱ·河北卷》，大象出版社，2008年，第140页。

[61] 萧亢达：《汉代乐舞百戏艺术研究》（修订版），文物出版社，2010年，第47~48页。

[62] 中国青铜器全集编辑委员会 编：《中国青铜器全集》第3卷，文物出版社，1997年，图185。

[63] 山东省博物馆、山东省文物考古研究所编：《山东汉画像石选集》，齐鲁书社，1982年，图365。

[64] 萧亢达：《汉代乐舞百戏艺术研究》（修订版），文物出版社，2010年，第73~89页。

[65] 深圳博物馆 编：《巴蜀汉风——川渝地区汉代文物精品》，文物出版社，2019年，第53页。

[66] 深圳博物馆 编：《巴蜀汉风——川渝地区汉代文物精品》，文物出版社，2019年，第52页。

[67] 广西壮族自治区博物馆 编：《广西铜镜》，文物出版社，2004年，第126页。该书将铭文释为"山之子，高志□子，用者大吉"，观书中铜镜照片，此处铭文应释为"山（仙）人子高（乔）赤松子，用者大吉。"

2.6　共9件展品	**2.6　世间**

2.6.1　展品1件

展品编号	067
图版号	图版65
展品名称	"大乐未央"蟠龙纹铜镜
解读对象	局部铭文："大乐未央，长相思，慎毋相忘"

展台类型	普通展台

2.6.2　展品1件

展品编号	068
图版号	图版66
展品名称	"佳人何伤"单圈铭文铜镜
解读对象	局部铭文："长乐未央，佳人何伤，毋相忘"

展台类型	普通展台

2.6.3　展品1件

展品编号	069
图版号	图版67
展品名称	"日有喜"单圈铭文铜镜
解读对象	铭文："日有喜，月有富，乐毋事，常得意，美人会，竽瑟侍，贾市程，万物正，老复（复）丁，死復（复）生，醉不知醒"

展台类型	普通展台

2.6.1　毋相忘

（说明牌内容）

经历过秦末战乱的流离、困苦与死难，西汉初年的人们祈愿能过上如"大乐未央"般长久富足的生活，同时在内心中还饱含了对故人的思念。

"相思"是西汉铜镜中较早出现的镜铭内容，表达的内容可以是爱情、友情或亲情。"毋相忘""愿毋绝"等词，既表别离之苦，又饱含着动荡社会中人们的珍重希冀[1]。

2.6.2　何伤

（说明牌内容）

佳人，应该是汉代对亲人、爱人、朋友等亲近之人的称呼；何伤，可理解为"为什么悲伤呢"。镜铭内容在希冀生活欢乐长久的同时，以反问的方式表达不要悲伤、不要相忘的期盼[2]。

在此语境之外，"何伤"在汉代亦有作为人名的情况，类似于西汉"霍去病""刘病已"、南宋"辛弃疾"的人名使用方式[3]。

2.6.3　日有喜

（说明牌内容）

"日有喜，月有富"铭也是汉代常用吉语[4]，这句镜铭对世俗物质生活享受的表达更为具体。

比如，在富贵无事的基础上还有美人陪伴、竽瑟歌舞、生意兴旺，甚至希望能够返老还童[5]、死而复生。通过这面铜镜，期许能过上所有世间能想到的美好生活。

展品编号	070
图版号	图版 68
展品名称	"清白""昭明"重圈铭文铜镜
解读对象	内圈铭文："内清质以昭明，光辉象夫日月，心忽穆而愿，然雍塞而不泄" 外圈铭文："絜清白而事君，怨汙（污）獾（获）之弇明，彼玄锡之流泽，恐远而日忘。怀糜美之穷暟，外承驩之可说（悦），慕突佻之灵景（影），愿永思而毋绝"

展台类型	普通展台

2.6.4 清白而事君

（说明牌内容）

此镜的外圈铭文可能反映了汉代女子侍奉夫君的婚恋观。大意是：尽清白之心事奉夫君，怨恨污秽掩盖光明。蒙受恩泽，唯恐一天天的疏远而遗忘。怀念娇容媚态，美貌讨欢心。思慕镜中倩影，长相思，毋相忘。[6]

也有学者指出，这类镜铭可能是借夫妻比喻君臣，臣子的赤诚忠心因隔阂难以畅通[7]。这类铜镜出现于西汉中期偏晚，多见于西汉晚期，正值政治日渐腐败之时[8]。

2.6.5 展品 1 件

展品编号	071
图版号	图版 69
展品名称	"新兴辟雍"四神博局纹铜镜
解读对象	局部铭文："新兴辟雍建明堂"

展台类型	普通展台

2.6.5 新兴辟雍建明堂

（说明牌内容）

汉镜中有"新兴辟雍建明堂""新有善铜出丹阳"等句，此处的"新"指王莽建立的短暂王朝，国号为"新"，处于西汉与东汉之间。

辟雍、明堂，是王莽为缓和社会矛盾而推行托古改制的政策之一。《汉书·王莽传》记载："（元始四年）莽奏起明堂、辟雍、灵台，为学者筑舍万区。"[9]辟雍，是周代天子之太学名；明堂，是明政教之堂[10]。

展品编号	072
图版号	图版 70
展品名称	"逢得时年"四神博局纹铜镜
解读对象	铭文："新琱（雕）治镜子孙息，多贺君家受大福，位至公卿脩禄食，逢（幸）得时年获嘉德，传之后世乐无极"

展台类型	普通展台

2.6.7　展品1件

展品编号	073
图版号	图版 71
展品名称	"四夷降服中国宁"七乳神兽纹铜镜
解读对象	局部铭文："四夷降服中国宁，人民安乐五谷成"
展台类型	普通展台

2.6.8　展品1件

展品编号	074
图版号	图版 72
展品名称	"位至三公"变形四叶纹铜镜
解读对象	铭文："位至三公"
展台类型	普通展台

2.6.6　新雕治镜
（说明牌内容）

镜铭中的"新"，亦指王莽建立的新朝。镜铭在祝颂新朝的同时，表达了对子孙繁盛、高官厚禄等美好生活的理想与追求。

2.6.7　中国宁
（说明牌内容）

"中国"一词，最早出现于何尊铭文"余其宅兹中国"，指代豫西洛阳盆地及以其为中心的中原地区[11]。但以"中国""夷夏"概念来区分中原王朝与周边不同政权，始自西汉[12]。

除了"四夷降服中国宁，人民安乐五谷成"之外，汉镜中还有"中国大宁，子孙益昌"[13]、"青盖作镜四夷服，多贺中国人民富"[14]等铭文，寄托了时人对于国家安宁、生活富足、人丁兴旺的向往。

2.6.8　三公
（说明牌内容）

自汉武帝广开仕途，打破了汉初功臣贵族等把持朝政的局面，许多有才之士可以通过选举（博士、明经、明法、学童）、征用（征起、孝廉、贤良）、举荐等方式入仕。社会上对于高官厚禄的愿望也在镜铭中得以体现。

"三公"最早是晚商始设的最高官位尊称，比如周成王时期的太师、太傅、太保。秦朝的三公指的是丞相、太尉和御史大夫。汉承秦制，三公的品秩最高，上承皇帝意旨，下领文武百官，是官吏中最为位高权重者[15]。

展品编号	075
图版号	图版 73
展品名称	"作佳竟"神兽博局纹铜镜
解读对象	镜钮座铭文："长乐未央"；镜圈铭文："上有仙人不知老"
展台类型	普通展台

2.6.9　仙人、乐未央

（说明牌内容）

　　"上有仙人"与"长乐未央"的铭文同在一镜之上，既表达了对升仙的诉求，更像是希冀通过这些仙人的护佑，人们能获得"长乐未央"般的世间生活。

2.6.10　小结

（展板内容）

世间

　　除了照容这一实用功能外，铜镜往往还被古人寄予各种愿望和诉求，其中最直接的体现就是铜镜铭文。

　　汉镜铭文中，既有表达相思、酒食、长寿的个人生活追求，亦有永葆子孙、高官的家族希冀，还有诸如"多贺君家受大福""四夷服""人民息"之类的家国情怀。

注释：

[1] 西汉早中期铜镜流行"乐未央，毋相忘"之类的铭文，其原因应与秦末汉初时的动乱饥馑有关，战争与沉重的徭役和兵役造成人们流离失所、饱经忧患。a. 王士伦编：《浙江出土铜镜》，文物出版社，1987年，《序言》第24页。b. 王纲怀、游战洪：《两汉镜铭相思文化概说》，《汉镜文化研究》（上册），北京大学出版社，2014年，第439～440页。c. 田敏：《汉代铜镜铭文研究——以相思、吉语、规矩纹镜铭文为例》，河北师范大学硕士学位论文，2012年，第14～15页。

[2] 此类铭文常见于汉代铜镜中，如1955年陕西省长安县洪庆村西汉中期墓出土的一件铜镜，铭文为"长毋相忘，君来何伤"。陕西省文物管理委员会：《陕西长安洪庆村秦汉墓第二次发掘简报记》，《考古》1959年第12期，第667页。

[3] 在汉代，这类人名主要集中在武昭宣时期，有"毋伤""毋害""毋忧""不害""去病""弃疾""病已""何伤"等，其寓意是"速差苦病"，即希望被命名者能借以摆脱生活中的各种不利因素。闫华军：《西汉"昭宣元"时期人名研究》，陕西师范大学硕士学位论文，2008年，第10～13页。

[4] 类似的吉语也用于汉代瓦当之上，如陕西出土有汉代"万有喜"瓦当、"日乐富昌"瓦当等。陕西省考古研究所秦汉研究室编：《新编秦汉瓦当图录》，三秦出版社，1986年，第317、318页。

[5] "老復（复）丁"铭亦见于西汉元帝时期史游撰的蒙学读本《急就篇》，其中第三十一章即有"长乐无极老復（复）丁"。逯钦立 辑校：《先秦汉魏晋南北朝诗》，中华书局，1983年，第262页。

[6] a. 王保成：《连云港西汉铜镜铭文补释》，《励耘语言学刊》2016年第3期。

b. 李零则对此类镜的内圈铭文与外圈铭文作了完整的释译："镜子是用清白的东西铸成，光辉有如日月可以照见一切。我对你一心一意，千言万语埋心底，但郁结于内，没法说出来。我是携清白之心侍奉你，就像一尘不染的明镜，最怕污秽掩盖光明。你对我的深思，就像镜子施以玄锡，光可鉴人，怕的是被你疏远，渐渐想不起来，就像镜子失去光泽。但愿你能怀念我花容月貌，千娇百媚，讨你的欢心。但愿你能思慕我镜中的美丽身影，长相思，毋相忘。"李零：《读梁鉴藏镜四篇——说汉镜铭文中的女性赋体诗》，《中国文化》2012年第2期。

[7] a. 西汉铜镜中有一类有"昭明""清白"铭文的蟠螭纹铜镜，如中国国家博物馆藏有一件"昭明"蟠螭纹铜镜。该镜铭中"然雍塞而不徹"，句尾末字是"徹"而非"泄"，尚未避讳汉武帝刘彻之名，故该镜的制作年代在汉武帝即位之前。王春法 主编：《镜里千秋——中国古代铜镜文化》，北京时代华文书局，2021年，第82页。

b. "精白"二字可形容忠正之心，如《盐铁论·讼贤》："二公怀精白之心，行忠正之道，直己以事上。"又如《汉书·贾山传》："天下之士莫不精白一心，以承休德。"王保成：《连云港西汉铜镜铭文补释》，《励耘语言学刊》2016年第3期。

c. 铜镜中也有关于"清白心态"较为直白的表达。如吉林出土的一件铜镜，外圈铭文为："恐浮云兮蔽（蔽）

白日，复请（清）美兮实素质。行精（清）白兮。"内圈铭文为："光辉明，谤言众兮有何伤。"内圈铭文紧承外圈铭文连缀成文。孔祥星、刘一曼、鹏宇：《中国铜镜图典》（修订本），上海古籍出版社，2020年，第328页。

d. 王纲怀认为这类"昭明""清白"蟠螭纹铜镜出现于西汉景帝、武帝之际，并推测这类铭文与晁错被冤杀有关。他对此类铭文的释译为："品质高尚而清白坦荡，忠贞不二堪与日月同光。虽满怀忠直恭谨之心，却因君臣隔阂难以通畅。以清白之身侍奉君王，怨恨谄佞掩蔽圣明之光。惜无玄锡将镜面擦亮，担忧日久疏远渐遭遗忘。礼敬折腰怀美好愿望，然君王被媚惑陷入迷惘。看窈窕身影心生爱怜，愿君王久思念永不相忘。"王纲怀：《昭明清白镜中意》，《中国收藏》2017年第12期。

[8] 张昀认为，"昭明""清白"铭文最初出现于西汉武帝即位之前的蟠螭纹铜镜上，在越过西汉中期前段后，这类铭文再次出现在以纯铭文为装饰的新款铜镜上。这类铜镜的出现绝非偶然，它借用前人文句为铭文，是一种情绪的发泄，对时政表示不满。张昀：《西汉蟠螭纹清质镜铭之考释——兼谈昭明镜的流行背景及时间》，《东方考古》第18集，科学出版社，2021年，第122页。

[9] （东汉）班固 撰，（唐）颜师古 注：《汉书》卷九十九《王莽传下》，中华书局，1962年，第4069页。

[10] a. 唐代贾公彦疏《周礼·春官宗伯·大司乐》："谓若三代，天子学揔（总）曰辟雍，当代各有异名也。"（清）阮元 校刻：《十三经注疏》，中华书局，1980年，第787页。

b. 《周礼·冬官考工记·匠人》载："周人明堂，度九尺之筵，东西九筵，南北七筵，堂崇一筵。"东汉郑玄注："明堂者，明政教之堂。"（清）阮元 校刻：《十三经注疏》，中华书局，1980年，第928页。

[11] 李伯谦：《青铜器与中国青铜时代》，中国科学技术大学出版社，2018年，第276页；许宏：《最早的中国：二里头文明的崛起》，生活·读书·新知三联书店，2021年，第8、9页。

[12] a. 两周时期，"中国"可指代天子所居的京师，如《诗经·大雅·民劳》就有"惠此中国，以绥四方……惠此京师，以绥四国"之句。（清）阮元 校刻：《十三经注疏》，中华书局，1980年，第548页。

b. 其后也有指代诸侯国的国都或地处中原的诸侯国，含义多变。"中国"一词具备明确的政治属性且得到认同可从汉代文献与出土实物中得到佐证。如《汉书·赵充国传》曾记载汉宣帝为催促大将赵充国与羌人作战，下诏书言"今五星出东方，中国大利，蛮夷大败……将军急装……勿复有疑"。（东汉）班固 撰、（唐）颜师古 注：《汉书》卷六十九，中华书局，1962年，第1981页。

[13] 王春法 主编：《镜里千秋——中国古代铜镜文化》，北京时代华文书局，2021年，第102页。

[14] 武汉博物馆收藏，见武汉博物馆官网：https://www.whmuseum.com.cn/collection/bronze/15e17b4ca076bde7a168e5303360e2d2。

[15] （东汉）班固 撰，（唐）颜师古 注：《汉书》卷十九《百官公卿表》，中华书局，1962年，第721~860页。

第三单元　照　镜

如果说，镜背的装饰将古人心中那个朦胧、神秘的美好世界映照出来，那么铜镜正面的映照效果，则是人们对呈现自己美好一面的追求。

"昭察衣服观容貌"，这是人们照镜时常做之事。精心的打扮，是为了将自己最美好的一面呈现在这世间。

在铜镜面前，有多少人在为悦己者容呢？

3.1　展品 1 件

展品编号	076
图版号	图版 74
展品名称	"铜华"单圈铭文铜镜
解读对象	局部铭文："昭察衣服观容貌，丝组杂遝以为信"

展台类型	普通展台

3.2　无展品

3.1　系镜

（说明牌内容）

铜镜最重要的功能就是映照出人的容貌和装扮，但铜镜的作用似乎不止于此，可能还有更具意义的事情。

镜铭"丝组杂遝以为信"之句[1][2]，其意应是将绶带系在镜子上，并以此件系绶的铜镜作为"我"与"佳人"的信物[3]。

3.2　用镜

（墙面内容）

中国的铜镜，在不使用的时候，一般单独或与其他梳妆用具放置于镜匣、梳妆盒中，也有一些收纳入由纺织品制成的镜袋中。

由于中国铜镜一般为无柄、有钮的型制，其使用方式大体有两种：一种是在钮上系以绶带，用手持带；另一种是将铜镜放置在金属、木等材质的镜台或镜架上。直至两宋时期，中国才出现了有柄铜镜。

3.2.1　历代用镜

（墙面内容）

战国 放置铜镜的漆木梳妆盒[4]
湖北枣阳九连墩一号墓出土

南宋 残留于铜镜上的纺织物痕迹
深圳博物馆藏"湖州李家真炼照子记"铜镜

汉

西汉 系有丝带的铜镜[5]
湖南长沙马王堆西汉一号墓出土

东汉 手握绶带的方式[6]
山东嘉祥武氏祠出土东汉
画像石（拓片）

东汉 鎏金铜镜台
美国纳尔逊－阿特金斯艺术博物馆藏

东汉 持镜台图[7]
山东沂南汉墓后室
南侧隔墙东面画像石（拓片）

东汉 执镜陶俑[8]
四川郫县宋家林出土

东汉 铜镜中的对镜梳妆图[9]
私人藏神人梳妆画像纹铜镜

东汉 执镜人物图[10]
四川成都土桥汉墓出土石刻（拓片）

东汉 执镜人物图[11]
四川成都土桥汉墓
出土石刻（拓片）

东汉 执镜人物图[12]
四川成都土桥汉墓出土石刻（拓片）

东汉 执镜人物图[13]
山东大汶口汉墓画像石
"后母骊姬"图（拓片）

东晋

唐

东晋 绘有使用镜架和以手持镜的梳妆图
东晋顾恺之（传） 女史箴图（局部）
大英博物馆藏

唐 周昉（传） 挥扇仕女图（局部）[14]
故宫博物院藏

五代

五代·唐 镜架 [15]
河北曲阳王处直墓东耳室东壁壁画

五代·唐 镜台 [16]
河北曲阳王处直墓西耳室西壁
壁画

辽

辽 持镜、持巾侍女图 [17]
河北张家口宣化
张匡正墓后室东壁壁画

辽 侍女图 [18]
内蒙古库伦旗勿力布格村
1号墓壁画（摹本）

宋

宋 苏汉臣 靓妆仕女图 [19]
美国波士顿美术馆藏

宋 佚名 调鹦图 [20]
美国波士顿美术馆藏

明

明 仇英 临宋人画 半闲秋光图[21]
上海博物馆藏

明 仇英 人物故事图册 贵妃
晓妆图（局部）[22]
故宫博物院藏

清

清 黄慎 簪花图 扇面[23]
天津市文物公司藏

清 任熊 人物山水图册（之十）[24]
上海博物馆藏

3.2.2 汉代用镜场景复原

参考图片[25]

（该复原场景须以汉代风格
为主，可立一复制铜镜，观
众可自由拍照、打卡）

结语　映

古人以镜观容貌，今人借之映往昔。

一面面汉镜，一幅幅图像，一句句铭文，凝结了汉代匠人们的精湛技艺，也映射出当时人们想象中世界的图景和内心的美好祈愿。

这些汉镜的图像与铭文，与同时期帛画、砖石、壁画、漆器、陶器、铜器等的装饰题材相同。在今人眼中，它们共同反映了大汉的风采和神韵。

注释：

[1] 组，用丝织成的阔带子，古代用作佩印或佩玉的绶。遝，通"沓"。杂遝，众多也。《汉书·杨雄传》："骈罗列布，鳞以杂遝兮。"王士伦 编：《浙江出土铜镜》，文物出版社，1987年，《序言》第46页，注11、13。

[2] 有些铜镜上还有"丝组为组以为信"的铭文，如：

a. 扬州邗江西湖乡朱塘村出土的一件"日光""铜华"重圈铭文铜镜，其外圈铭文为："清治铜华以为镜，丝组为组以为信，清光明乎服者富贵番昌，镜辟不羊（祥）。"徐忠文、周长源 主编：《汉广陵国铜镜》，文物出版社，2013年，第140页。

b. 复旦大学收藏一件"日光""清浪"重圈铭文铜镜，其外圈铭文为："清浪铜华以为镜，丝组为纪以为信，清光明乎□，富贵番昌□江。"（复旦大学博物馆：《龙照光华——复旦大学藏青铜镜》，上海书画出版社，2020年，第90页）。经仔细观察铜镜图片，镜铭的"纪"字，实为"组"字。

[3] 有些铜镜铭文明确指出铜镜作为夫妻间信物。如江西南昌东汉墓出土的一件七乳禽兽纹铜镜，其铭文为："二姓合好，□如□□，女贞男圣，子孙充实，姐妹百人……夫妇相随……月吉日，造此信物。"孔祥星、刘一曼、鹏宇：《中国铜镜图典》（修订本），上海古籍出版社，2020年，第487页。

[4] 深圳博物馆、湖北省博物馆：《剑舞楚天——湖北出土楚文物展图录》，文物出版社，2010年，第128页。

[5] 湖南省博物馆 编：《长沙马王堆汉墓陈列》，中华书局，2017年，第189页。

[6] 中国画像石全集编辑委员会 编：《中国画像石全集》第1卷，山东美术出版社，2000年，第42页。

[7] 中国画像石全集编辑委员会 编：《中国画像石全集》第1卷，山东美术出版社，2000年，第171页。

[8] 四川博物院 编著：《四川博物院文物精品集》，文物出版社，2009年，第135页。

[9] 深圳市文物管理办公室、深圳博物馆、深圳市文物考古鉴定所 编：《镜涵春秋——青峰泉、三镜堂藏中国古代铜镜》，文物出版社，2012年，图98。

[10] 龚廷万、龚玉、戴嘉陵 编著：《巴蜀汉代画像集》，文物出版社，1998 年，图 218。

[11] 龚廷万、龚玉、戴嘉陵 编著：《巴蜀汉代画像集》，文物出版社，1998 年，图 219。

[12] 龚廷万、龚玉、戴嘉陵 编著：《巴蜀汉代画像集》，文物出版社，1998 年，图 220。

[13] 中国画像石全集编辑委员会 编：《中国画像石全集》第 1 卷，山东美术出版社，2000 年，第 176 页。

[14] 故宫博物院 编：《故宫博物院藏品大系·绘画编》第 1 卷，紫禁城出版社，2008 年，第 82~83 页。

[15] 徐光冀 主编：《中国出土壁画全集》第 1 卷，科学出版社，2012 年，第 102~103 页。

[16] 徐光冀 主编：《中国出土壁画全集》第 1 卷，科学出版社，2012 年，第 99 页。

[17] 徐光冀 主编：《中国出土壁画全集》第 1 卷，科学出版社，2012 年，第 149 页。

[18] 徐光冀 主编：《中国出土壁画全集》第 3 卷，科学出版社，2012 年，第 183 页。

[19] 薛永年 主编：《故宫画谱：人物卷·配景家具》，故宫出版社，2014 年，第 45 页。

[20] 薛永年 主编：《故宫画谱：人物卷·配景家具》，故宫出版社，2014 年，第 45 页。

[21] 苏州博物馆 编：《中国画家·古代卷·仇英》，故宫出版社，2015 年，第 101 页。

[22] 苏州博物馆 编：《中国画家·古代卷·仇英》，故宫出版社，2015 年，第 116 页。

[23] 中国书画鉴定组 编：《中国绘画全集》第 29 卷，文物出版社，2014 年，第 126 页。

[24] 中国书画鉴定组 编：《中国绘画全集》第 30 卷，文物出版社，2014 年，第 78 页。

[25] 深圳博物馆 编：《巴蜀汉风——川渝地区汉代精品文物》，文物出版社，2019 年，第 176 页。

终稿执笔：蔡　明

初稿撰写：前　　言：蔡　明

序　　厅：蔡　明

第一单元：蔡　明

第二单元：2.1 时代风格：蔡　明｜2.2 宇　宙：蔡　明　刘绎一　范瑾媛｜2.3 神　兽：刘绎一

2.4 升　仙：陈　坤｜2.5 神　仙：蔡　明　谢凡雯　　｜2.6 世　间：罗晶晶

第三单元：蔡　明

结　　语：蔡　明

下

映

汉代铜镜展览的设计与传播

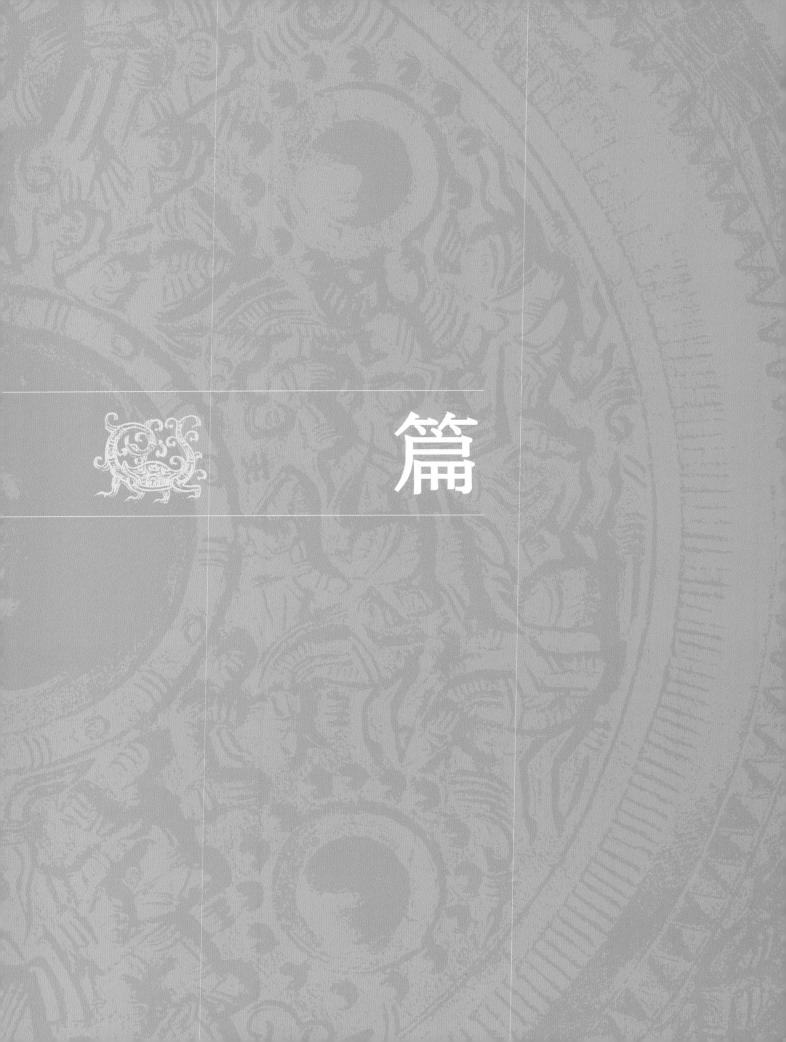

篇

形式
设计

"观·映——汉代铜镜的图像与铭文"展览形式设计的创作思路

一、策展理念的解析

展览内容与展陈形式是展览设计的两大部分，没有无内容的展示，也没有无形式的陈列。展览内容借助形式而存在，形式设计又有赖内容而产生，两者之间是互为依存、互为条件的关系。展陈的形式设计，首要工作便是了解展览主题及其想要传递的信息。

本次展览的主题为"观·映——汉代铜镜的图像与铭文"，其本质是想透过汉代人的视角去观察汉代铜镜背面装饰的图像和文字，了解铜镜背面作如此装饰的用意，让今人从中获知有关汉代社会面貌和精神观念的"映像"。展览在内容上分为三个单元：第一单元"铸镜"，介绍铜镜的生产工艺；第二单元"饰镜"，介绍铜镜纹饰与铭文的时代风格与五类题材；第三单元为"照镜"，介绍铜镜的使用方式。展品包括73件汉代铜镜、1件春秋铜鉴，还有若干复制品，其中有65件铜镜集中于第二单元。第二单元是本次展览内容的核心部分，其主旨为"饰镜"，以"时代风格""宇宙""神兽""升仙""神仙""世间"等6个小节，将汉代人在"天人感应"观念影响下希冀通过天上仙界的庇护进而获得世间福祉的世界观呈现出来。

由此可见，本次展览的展品虽然是铜镜，但其关注重点并非铜镜本身，而是铜镜承载的汉代某些社会观念以及相关的历史背景。因此，展览关注的是汉代社会，铜镜只是窥视汉代社会的一个窗口。此次展陈设计的理念也应如此，设计的立足点是汉代铜镜及其纹饰和铭文，这是由本次展览的展品所决定的，但设计效果却要映射出汉代的社会面貌、历史背景与文化内涵。

二、设计理念的提炼

如前文所述，本次展览设计的立足点是汉镜及其纹饰和铭文。汉代铜镜的绝大多数构图为向心式构图，少部分为轴对称式构图，呈现出一种对称与平衡的观感，这其实也与汉代的阴阳对立观念暗合。汉镜的圆形、连弧纹、博局纹等几何纹饰，抽象但显示出一定的规则；镜背装饰的铭文和各类神兽、仙人纹饰，线条灵动飘逸，显现出一丝神人神兽的超脱俊逸之感。将汉镜这种独特的纹饰风格通过重构和现代化处理，以抽象、简化的处理手法，突出汉镜图像的装饰性与美感，形成能够体现展览主题的视觉识别符号，将这些视觉符号贯穿于整个展览中，创造出具有统一风格和辨识度的视觉效果，以"润物细无声"般潜移默化的方式，引导观众直观感受展览想要向观众传递的汉代社会观念。

在专业人士看来，汉镜中的仙人、神兽等纹饰已然是明显的汉代视觉符号，但普通观众却难以形成这是"汉代展览"的直观感受。这就需要展陈设计从其他方面着手，让观众产生"在汉代"的代入感。在许多博物馆的汉代专题展览中，有两种视觉因素常被采纳：其一为汉阙，如在展厅中复原汉阙建筑；其二为红色的展厅基调色。由于各类影视剧的影响，汉阙是普通观众最常见的汉代元素，但是由于本次展陈的展品中没有汉阙图像，在本次展览中使用汉阙元素并不切题。事实上，在展陈设计中，配色方

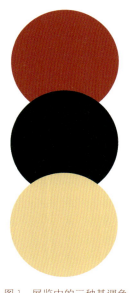

案是直接影响观众视觉感受的重要因素。汉代深受阴阳五行学说的影响，曾分别崇尚水德、土德与火德，相对应的尚色就是黑、黄与赤（即红色）。这三种颜色也常见于各类汉代题材的影视剧中，比如1994年版《三国演义》中，东汉朝臣的官服主要就是黑、红两色，蜀汉士兵的服装为黄色。尤其是红色，在许多汉代专题展览中作为基调色大面积地用于展厅之中。对于那些对汉代历史感兴趣或者常在博物馆看展览的观众来说，红色足以给他们带来"这是汉代"的直观感受。因此，红、黑、黄三种颜色成为本次展览使用色彩的不二之选（图1）。

另外，在中国传统文化的色彩寓意中，红色象征着繁荣、喜庆和祝福，与祈求福祉的观念相契合；黑色代表着庄重、神秘和辟邪，与展览中那些神秘的神人神兽元素相呼应。以红、黑为主基调色，可以凸显展览的时代背景和文化内涵，使展览氛围更具深度。为了平衡红黑基调，可以采用柔和的米黄色作为辅助色。米黄色能够与红黑色相协调，增加整体配色的和谐感。它也能为展览增添一些温暖与亲和力，营造舒适的观展氛围，使观众更容易沉浸

图1　展览中的三种基调色

在展览的内容中。在具体的空间配色中，展厅墙面大面积涂红，配以展柜外表原本的黑，在其他展柜内部的背景墙和展台上以米黄色作为装饰元素，增加展览空间的层次感和视觉冲击力。通过这样的配色，使展览的色彩与主题紧密相连，烘托出汉代的历史氛围，激起观众的代入感。

三、平面视觉的设计

一般而言，展览的海报、展标墙、前言墙、结语墙、单元墙是最重要的平面视觉设计。它们往往处在展览中最为显眼的地方，是观众第一眼就能看到的展览元素，其设计效果能激发或降低观众的观展兴趣。某种程度上，相较于展板与说明牌，观众对它们"形"的关注更重于其"质"。因此，本次展览的设计理念，首先运用于这些平面视觉设计中。

海报的设计采用左右构图，将海报分为左右两个部分，分别呈现不同的内容和色彩，以创造对称与平衡感。尤其是红、黑两色的搭配，因其在汉代的阴阳五行学说中分别与火、水相关，表达出一种阴阳平衡的理念。海报主图是一件铜镜展品，其表面呈现出黑漆古的色泽，相融于海报右侧的黑色底色中，增添了一丝深沉、神秘的感觉；展品图像左侧部分处理成黄色，既避免了展品原色与红色底色的强烈对比造成的突兀感，又增加了海报的视觉层次与纹理效果。在海报的布局和排版中，保持了文字、图像等信息之间的适度间距和留白，以保持整体的平衡和美感；但也注重突出重点信息，如主标题"观映"和精美的展品。由此而带来的视觉流动性和平衡感，让观众的目光自然地在海报上流动，从左侧的文字信息到右侧的图像，形成一种连贯和统一的视觉体验（图2、图3）。

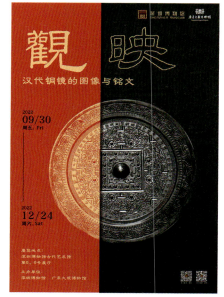

图2　海报设计稿

图 3　展楼悬挂海报的实景

海报设计强调的是展览基调色的搭配，展标墙、前言墙、结语墙、单元墙则更注重凸显铜镜的圆形形状，只是这四者在具体的排版中略有不同。展标墙保留了铜镜镜缘的质感，将展览副标题与主办单位等文字信息以类似于铜镜铭文布局的方式环绕排布，使得展品形象更为具象（图4）；前言墙与结语墙则将文字信息囊括于圆形之内，以镜缘纹饰的线图为装饰，意图使观众的注意力慢慢集中于文字信息之上（图5）；单元墙的铜镜元素则更加抽象，仅保留了圆形的形状，文字信息处于更加突出的位置（图6）。另外，通过在展标墙、前言墙、结语墙、单元墙上配置可调节灯带，使光线均匀而巧妙地照亮背景，在增强重点信息的视觉吸引力的同时，又营造出强烈的透视效果，体现出铜镜反光与映照的特征。

图 4　展标墙设计效果图

图 5　前言墙实景

四、展陈空间的规划

（一）空间布局

本次展览的展厅位于深圳博物馆同心路馆（古代艺术）展楼的5号厅与6号厅，均为小展厅（图7）。其中5号厅面积约180平方米，分为两个陈列空间；6号厅面积约360平方米，分为三个陈列空间。两个展厅之间通过厅外的公共走廊相连，每个展厅各有两个出入口。根据展楼的设计，观众可先乘坐观光电梯到达展览三层，一出电梯就可以进入5号厅，从

图 6　单元墙实景

5号厅出来后沿着公共走廊的阶梯而下，即可进入6号厅（图8）。因此，本次展览以5号厅为第一个展厅，6号厅为第二个展厅。这种一个展览分布在多个展厅的情况，容易导致观众产生割裂感，误以为两个展厅是两个不同的展览。事实上，部分观众是无法避免出现这种割裂感的。不过，本次展览为单一种类展品的展览，类似的误会不容易产生。但是，为了确保展览各单元内容的完整性，避免上述情况的发生，基于展览框架的空间规划就显得尤为重要。

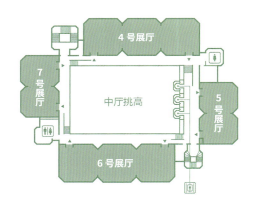

图7　同心路馆（古代艺术）展楼三层平面示意图　　图8　同心路馆（古代艺术）展楼，蓝框处为5号厅位置，红框处为6号厅位置

仔细分析展览内容的框架结构，本次展览实际可以分为四个内容空间。第一个内容空间为序厅，有前言和3件展品（1件铜鉴、1件铜镜和1件仿制品）；第二个内容空间为第一单元"铸镜"，有6件铜镜与一组仿制品，以及一部近2分钟的讲解视频；第三个内容空间为第二单元"饰镜"，有65件铜镜；第四个内容空间为第三单元"照镜"和结语，第三单元只有1件铜镜。而5、6号展厅则共有五个陈列空间。基于以上的分析，本次展览的序厅与第一单元置于5号厅（图9），第二单元与第三单元（含结语）置于6号厅（图10）。其中，序厅在5号厅的第一个陈列空间，此处的3件展品无须太多的陈列空间，更多的空间可以用于序厅的氛围营造；第一单元在5号厅的第二个陈列空间，较少的展品陈列让空间相对空阔，有利于一部分观众在"扎堆"观看近2分钟视频的同时，也不会影响另一部分正在欣赏展品的观众（图11）；第二单元在6号厅的第一、二个陈列空间，这主要是因为第二单元的展品与内容是本次展览中最多且也是最为重要的部分；第三单元（含结语）在6号厅的第三个陈列空间，将这个空间整体用于只有1件展品的第三单元，也是为了便于用多余空间构建一个照镜的居家场景，让观众互动体验。不得不说，本次展览的内容框架结构、各单元的展品数量，与现有展厅空间的匹配相得益彰，有利于空间规划与氛围营造。

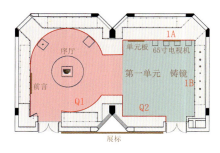
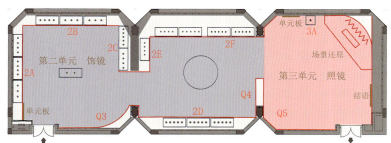

图9　5号厅的空间规划　　　　　图10　6号厅的空间规划

图 11　5 号厅视频观看区的设计效果图

（二）动线设计

考虑到这是一个强叙事的展览，展品之间的逻辑关联极为紧密，展厅中较少设置独立展柜，绝大多数展品陈列在靠墙的通柜中，在视觉上凸显展品之间的关联组合。当观众在某个展厅中从一个陈列空间进入另个一陈列空间时，通过增设隔墙与视觉引导，让观众按照既定叙事主线参观展览。比如 6 号厅，当观众在第一个陈列空间看完"神兽"展柜（2C 展柜）或独立柜后，必然会走向第二个陈列空间的"升仙"展柜（2D 展柜），因为当观众身处 2C 展柜或独立柜时，其面向第二个陈列空间的视线范围中有展品的地方只有 2D 展柜，而"神仙""世间"两处的展柜（2E、2F 展柜）被新增隔墙（即 2C 展柜沿靠的隔墙）所阻隔（图 10）。

另外，因为展品数量不多，展厅中会空余较多没有展柜的墙面。除了在 5、6 号厅出口处的 Q2、Q5 墙面展示大纲中的内容外（图 12、图 13），Q1、Q3、Q4 等其余墙面仅装饰汉代铜镜背面的铭文或图像（图 14、图 15、图 16），尤其是那些线条灵动飘逸的各类神兽仙人纹饰，不呈现实质内容。这种类似于留白的设计，既是为了强化展览主题的视觉识别符号，也是希望观众在观展过程中有视觉休息区，能将注意力更好地集中在展品及其解读内容之上。

这种设计本身也是基于本次展览内容叙事的较强逻辑性而形成的单线前进的观众观展动线。通过这样的动线设计，可以"强制"观众按照策展人的意图、有节奏地观展，避免走错路线或重复回流导致对展览内容的曲解，尽可能地创造良好的观展体验。

图 12　Q2 墙面（5 号厅出口处）的设计效果图

图 13　Q5 墙面（6 号厅出口处）的设计效果图

图 14　Q1 墙面的设计效果图

图 15　Q3 墙面的设计效果图

当然，在这一设计中也有一点不尽如人意之处，即 6 号厅的第三个陈列空间（图 10）。Q5 墙面展示的内容与第三单元中唯一一件铜镜展品有较高关联度，按理说，该内容应该呈现在此件铜镜的附近，而复原场景则可置于 Q5 墙面处，由形成的"看展品→了解深度知识→互动体验"动线才符合正常的信息传递逻辑。事实上，在最初的设想中，策展方希望观众以展览中铜镜上各类神人神兽为素材创作出自己的插画作品，而 Q5 墙面用于展览后期从这些作品中遴选出来的优秀画作的展示。但因一些客观原因导致该想法在展览开幕前难以实现，而当时已经制作完成复原场景，所以才无法优化此处的设计。

图 16　Q4 墙面的设计效果图

五、展陈氛围的营造

颜色是营造空间氛围的首选元素。红色作为汉代展览常见的基调色，在本次展览中被大面积地运用于各种展墙上。展柜的外立面本身就是具有金属质感的黑色，展柜内展台所包裹的亚麻布为米黄色，因此黑、黄两色元素无须特别设计。这种红、黑、黄渐次递减且层次分明的色彩搭配，直接将观众笼罩于厚重的汉代氛围之中。同时，一些留白展墙装饰了极为灵动飘逸的汉代审美特色的神人、神兽纹饰，作为体现展览主题的视觉识别符号，也为展览营造出独特的氛围和视觉效果。

此外，通过空间的变化、装饰元素的布置、场景的复原等，着重在展览的入口处与出口处营造氛围，让观众从一开始进入展厅，直到最后离开展厅，都被展陈氛围所触动。

（一）入口处的序厅

序厅是指展厅从入口到正式展示之间的空间，是整个展厅的前奏，也是引导观众进行后续参观的必要节点。序厅一般会设计得比较宽阔、高大，着重氛围的渲染，试图高度概括展览内容和交待展览历史背景等，力求让观众迅速进入状态。

本次展览的序厅位于 5 号厅的第一个陈列空间，面积近 90 平方米，陈列了春秋蟠螭纹铜鉴、西汉"观容貌""皎光"铭文铜镜、仿汉博局纹铜镜等三件展品。序厅的空间塑造源于铜镜造型，将原有的方

图 17　序厅的设计效果图　　　　　　　　　　　　图 18　春秋蟠螭纹铜鉴与观众的高低差

形空间通过新建弧面隔墙改成圆形空间。圆形空间线条柔和，不似方形空间那般硬朗，可以提升观众与空间之间的亲和感。在这个圆形序厅中，共有三个独立展柜。其中，春秋蟠螭纹铜鉴位于序厅圆心，另两件展品背靠展墙，三件展品呈三角形分布。这种较为疏朗的展品布局，符合序厅人流容易集中的空间特征。在春秋蟠螭纹铜鉴展柜上方的天花板上，装饰着西汉"观容貌""皎光"铭文铜镜铭文的灯带，地面也设计了铭文灯带的映照效果，既表达了铜鉴也有"观容貌"的作用，也暗合了汉代铜镜纹饰中隐含的"天圆地方"的宇宙观。红色的墙面点缀着本次展览中部分铜镜的铭文，这些文字多为汉隶，字体挺拔却不易识读，有一种神秘的感觉。在这个独特的空间中，以圆形为主体，点缀着独立柜的方形、展品布局的三角形等元素，序厅空间稳定、和谐又有层次感，将汉镜造型的美感、图文的神秘与展览主旨结合在一起（图 17）。

值得一提的是，春秋蟠螭纹铜鉴的陈列高度，充分考虑了"鉴"字的金文字形，即人在低头俯视铜鉴。因此，这件展品所在的独立展柜并未增置展台，而是将铜鉴直接放置在展柜底部，让观众低头俯视铜鉴，营造出古人通过俯视鉴中之水来照容的小场景（图 18）。

（二）出口处的场景

第三单元"照镜"只有一件铜镜展品，通过解读该件铜镜中"昭察衣服观容貌，丝组杂遝以为信"的铭文，解答铜镜如何使用的问题。然而，文字描写远不及图片能在观众脑海中直观地呈现出古人照镜的场景，图片又不及互动能让观众直观感受汉代人照镜时的姿态等相关使用情境。因此，在此处设置一个可供观众参与互动的照镜场景复原区，既能丰富第三单元的内容层次，又能在弥补第三单元只有一件展品这一不足的同时，填充 6 号厅略显空旷的第三陈列空间，还能让观众在参观结束后有一个小憩区，可以享受片刻的休息与欢愉（图 19）。

场景复原借鉴了东晋《女史箴图》的铜镜使用情景，同时参考了深圳博物馆 2016 年"巴蜀汉风——川渝地区汉代文物精品展"的汉代居室复原场景。复原场景中的道具也力求复原汉代的相关元素。如，场景中的屏风，参考了广州西汉南越王墓出土的屏风图案与尺寸；镜架参考了涿州凌云集团新厂东汉墓出土的陶质镜架；席子借鉴了长沙马王堆汉墓出土的莞席；熏炉则选用了汉代博山炉的仿制品（图 20、图 21）。

这一复原场景与 Q5 墙面中展示历代铜镜使用的图像材料遥相呼应，让观众在互动的过程中去感

图 19　照镜场景复原区的设计效果图

图 20　照镜场景复原区的实景

图 21　照镜场景复原区的仿汉铜镜

受汉代人的照镜心态。观众在复原场景中的自拍照片，通过他们自媒体、朋友圈的展示，也可以为本次展览进行引流，吸引更多的观众来参观（图22、图23）。

六、展品的展示设计与制作

展品的最终展示效果，直接反映了展览的形式设计对展览内容的烘托程度，也能体现设计人员对文物在布撤展与展示过程中的安全意识。展品的最终展示，至少需要符合以下三点：1. 文物安全；2. 突出展品与展览内容的展示重点，方便观众对展品及其解读的理解；3. 美观，且不违背展品的文化内涵、时代背景等。

（一）支架的选择

本次展览的展品较为单一，绝大部分均为铜镜，而铜镜也有许多成熟的陈展方式。考虑到这次展览的经费，本次展览没有定制展示效果更佳、轻巧美观的铁艺支架，而是购买了侧面呈 L 形的木质支架。即便是购买现成的木质支架，也充分考虑了木质支架的安全性和与展陈设计的契合度。市面上大致有

图 24　有活页的支架

图 25　无活页的支架

图 22　观众在场景中席地而坐，
体验照镜梳妆

图 23　身着汉服的观众在场景中
打卡拍照

图 26　铜镜支架的使用

两类 L 形木质支架：一类是有活页的，可以调节支架展开后的角度（图 24）；一类是没有活页的，其角度较为固定（图 25）。以往的陈展经验表明，这类有活页的支架容易松动，在承有重物后其展开角度会渐渐扩大，可能导致承载物直接碰触台面甚至掉落，存在安全隐患。因此，本次展览的铜镜支架选用了没有活页的木质支架（图 26），根据铜镜大小购买了大中小三种不同尺寸的支架。另外，选购的木质支架的颜色也是与展览基调色相同的红色。

（二）斜面展台的设计

事实上，本次展览采用木质支架陈列的铜镜文物，只有序厅和第一、三单元的展品与第二单元中"汉镜纹饰风格""世间"等 2 个小节的展品，共计 28 件铜镜文物；而第二单元"宇宙""神兽""升仙""神仙"等 4 个小节的 45 件铜镜，则采用了斜面展台的呈现方式。

在策展伊始，策展人就提出"划重点式展陈"这一概念，要求将展品与解读该展品的文字和辅助图片等一体设计、高度融合，尤其是要突出每件展品想要展示和解读的局部纹饰或铭文，以便观众在最短时间内捕捉到展品的历史内涵和展览主旨。该要求使得这 45 件铜镜成为本次展览设计的一大难点。

基于"吉金春秋——深圳博物馆铜器展"中使用斜面展台展示铜镜与钱币的良好效果（图27），斜面展台无疑是最适宜和最经济的展示方式。斜面展台的角度为 45 度，其在展柜内的高度也方便一个普通成年人的俯观（图 28）。斜面展台用本色亚麻布包裹，并在上面固定雪弗板以呈现展品及其解读内容。展品在斜面展台上的固定，采用了美观实用且价廉物美的工螺丝钉，并套以塑胶

图 27　深圳博物馆"吉金春秋"展览的钱币展示

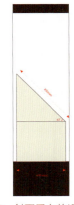

图 28　斜面展台的设计稿

图 29　斜面展台铜镜的固定　　　　　　　　　　图 30　观众与斜面展台之间的高度和角度

管，以此作为固定展品的抓件（图 29）。这样的设计既保证了文物的陈列安全，又能让观众以最适宜的高度和角度欣赏铜镜展品（图 30）。

斜面展台设计的最大难点在于，如何将展品与解读文字、辅助图片高度融合地一体设计，同时能突出呈现展览叙事中提及的局部纹饰或铭文。这就要求在设计中充分考虑点、线和面的运用，通过在排版上的巧妙呈现，起到突出、引导和衔接的作用。其中，展品、经过放大处理的局部纹饰或铭文的细节图就是点；将展品与细节图相连接的就是一条条若隐若现的虚线；用线将属于同一内容的展品、文字和图片框定在同一范围之中，这就是面。点的运用，可以引起观众的注意，起到突出重点的效果；线的延伸，则可以在版面中形成一种动感和流动感，使观众的目光在展览内容之间自然地流动；面的呈现，让不同内容的展品组合实现清晰的视觉区分，赋予版面更加丰富的层次和视觉效果。这样的版面设计，在展览中能够为观众带来一种新的视觉体验，让展品与图文有机地结合，并能满足策展人"划重点式展陈"的要求（图 31、图 32、图 33、图 34）。

（三）展品说明牌的设计

根据不同的展品陈列方式，展品说明牌大致分为两类：其一是陈列于斜面展台上展品的说明牌（图 35）；其二是位于普通展台上、使用支架的展品的说明牌（图 36）。两者的内容要素都包括展品名称、时代、尺寸、收藏单位等信息，有铭文的铜镜还包括铭文的释读；两者的区别就在于前者没有展品的解读内容，后者则有，这是因为前者展品的解读内容是与铜镜展品一起呈现在斜面展台之上的。这也要求在确保风格统一的前提下，展品说明牌需要两种版式设计与尺寸规格。

图 31　2.2 小节"宇宙"的部分斜面展台设计稿

图 32　2.3 小节"神兽"的部分斜面展台设计稿

图 33　2.4 小节"升仙"的部分斜面展台设计稿

图 34　2.5 小节"神仙"的部分斜面展台设计稿

图 35　斜面展台上展品说明牌的设计稿（180 毫米 ×100 毫米 ）

图 36　普通展台上展品说明牌的设计稿（290 毫米 ×100 毫米 ）

（四）灯光的使用

展览灯光设计是展览辅助设计中不可或缺的重要元素。在本次展览中，照明系统包括展柜内的顶光与轨道射灯、展柜外的轨道射灯两大类。其中，柜外的轨道射灯主要用于前言墙、结语墙、单元墙和复原场景的照明；展品的照明主要依靠展柜内的轨道射灯，展柜顶光则多用于补光和展览内容的照明。灯光的设计，需要充分考虑到铜镜展品的纹饰、颜色和质感，合理布置灯位，有意识地增强或减弱照度，通过漫射光与聚光相结合，让灯光在展品与解读内容之间强弱过渡，突出了展品，实现了重点内容与非重点内容之间的视觉差异。另外，灯光的巧妙运用，也使得整个空间具有层次感和纵深感，营造出强烈的透视效果（图 37、图 38）。

图 37　展厅的灯光实景

图 38　斜面展台的灯光实景

文章执笔：朱芳玲
设计指导：蔡　明
展陈设计：朱芳玲　王文丽

工　作　照

方案汇报

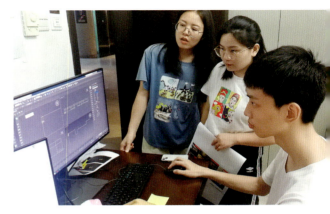

展陈设计

展品拍摄

安装展板

布置复原场景

调整展柜灯光

工作人员在展标前的合影

新闻发布会

工作人员在复原场景中的合影

宣传
教育

宣传视频

深圳博物馆视频号的预告视频（截图）　　　　　　深圳博物馆视频号的导赏视频（截图）

预告视频文案

　　镜面以观，镜背以映，汉朝人赋予了铜镜及其图像和铭文特殊的意义。在深圳博物馆"观·映——汉代铜镜的图像与铭文"专题展览里，我们带来了汉镜里的流光与故事，通过汉镜，照出了千年的绵长，映出属于我们的文化特质，还有那一抹心底深处的长乐未央、你我的长毋相忘。

预告视频分镜头

序号	镜头内容	备注	场景	出镜人员	道具
1	恬静月夜，浮云流动	固定机位	同心路馆（古代艺术）院内观景水池	无	无
2	模特着汉服携灯笼从长廊走过，湖面睡莲与其倒影交错	固定机位		模特吕宇威	手提仿古灯笼一个
3	露出半截衣袖，手提灯笼缓缓转动	运动机位			
4	宇威一手提着裙摆一手提着灯笼小跑穿过走廊，随即回眸转身切换至文物画面	中景，运动机位	同心路馆（古代艺术）展楼西侧门走廊		
5	"四夷降服中国宁"七乳神兽纹铜镜旋转展示，部分图案铭文加发光特效	特写，运镜	同心路馆（古代艺术）展楼5、6号展厅	无	无
6	"日有喜"单圈铭文铜镜旋转展示，部分图案铭文加发光特效，加水滴波动特效	特写，运镜			
7	四虎草叶纹铜镜旋转展示，部分图案铭文加发光特效	特写，运镜			
8	星云纹铜镜左上角及右下角各旋转展示铜镜的四分之一，部分图案加发光特效	移镜，从近拉到远			
9	"四夷降服中国宁"七乳神兽纹铜镜大特写，镜头旋转式由近转远	特写，运镜，从近拉到远			

序号	镜头内容	备注	场景	出镜人员	道具
10	铜镜大特写旋转式展示（镜头在铜镜右侧下方）	特写，运镜			
11	铜镜大特写旋转式展示（镜头在铜镜左侧方）	特写，运镜			
12	铜镜大特写旋转式展示（画面右边三分之一留白）	特写，运镜			
13	旋转切换观映展标	中景，运镜			
14	画面切换到蟠螭纹铜鉴（局部）	特写，运动机位			
15	蟠螭纹铜鉴特写旋转式展示	近景，运动机位			
16	展厅全景展示	中景，运镜			
17	"观容貌""皎光"重圈铭文铜镜与展厅灯光交相辉映	近景，运动机位		无	
18	镜面映衬图案铭文	特写，运动机位			
19	铜镜铸造模具 1	特写，运动机位			
20	铜镜铸造模具 2	特写，运动机位			
21	铜镜铸造模具 3	特写，运动机位			
22	铜镜铸造模具 4	特写，运动机位	同心路馆（古代艺术）展楼5、6 号展厅		无
23	展厅全景展示	中景，运镜			
24	灯光铭文边缘特写	特写，运动机位			
25	以独立展柜为圆心 360° 展示展厅	中景，运动机位			
26	向前推动式展示侧面展柜	中景，运动机位			
27	旋转展示独立展柜中的铜镜，在独立展柜边框处切换场景	近景，运动机位			
28	工作人员正面出镜摆放铜镜	近景，运镜		布展工作人员陈坤	
29	工作人员摆放铜镜特写	特写，固定机位		布展工作人员陈坤	
30	两位工作人员封锁展柜	近景，固定机位		布展工作人员蔡明、黄诗金	
31	仰拍展厅一角：展示展柜	远景，运动机位			
32	铜镜图文介绍（羽人捣药博局纹铜镜）	近景，运动机位			
33	铜镜轴线图文介绍（正面）	近景，运动机位		无	
34	铜镜轴线图文介绍（左侧面）	近景，运动机位			
35	铜镜轴线图文介绍展柜展示（正面）	近景，运动机位			
36	铜镜轴线图文介绍展柜展示（左侧面）	近景，运动机位		无	

序号	镜头内容	备注	场景	出镜人员	道具
37	透过展厅入口看到复原场景	远景，运动机位（由远及近）	同心路馆（古代艺术）展楼5、6号展厅	无	无
38	屏风特写（仰拍）	近景，运动机位			
39	从屏风转到专题展结语	近景，运动机位			
40	宇威手臂轻抬，一前一后，衣袖起舞和古代女子对镜梳妆古画重叠	近景，固定机位		模特吕宇威	
41	古代女子对镜梳妆古画	运动机位			
42	封面海报	无	无	无	无

预告视频

文案与分镜头：张旭东

视频拍摄：张旭东

导赏视频

项目统筹：梁　政

项目组织：朱年金

扫二维码观看预告视频　　扫二维码观看导赏视频

视频号的观众留言

广东 2022年9月30日　　19

听说这是深博的几个普通员工拍摄的，实在太厉害了👍画面、运镜、配乐、人物全部审美在线😄等我出来就去看展😭

广东 2022年10月4日　　3

现在普通员工的起点都这么高了吗😂

广东 2022年10月4日　　1

回复LILY的笔记空间:被迫卷😭

广东 2022年9月30日　　7

太美了，深博真卷啊！

河南 2022年10月1日　　5

👍👍👍👍👍

广东 2022年9月30日　　5

长相思勿相忘❤以史为镜可以观心。

广东 2022年11月14日

视频让人心动 美

俄罗斯 2022年10月29日　　1

感谢

广东 2022年10月11日　　1

深博深博，人间值得👍

广东 2022年10月8日　　2

小山重叠金明灭，鬓云欲度香腮雪。懒起画娥眉，弄妆梳洗迟。照花前后镜，花面交相映。新帖绣罗襦，双双金鹧鸪。

广东 2022年10月6日　　1

美不胜收

广东 2022年10月2日　　1

👍好美

广东 2022年10月1日　　2

深博的推文拍的如此之美，被感动了😢

甘肃 2022年10月1日　　1

让文物活起来，👍👍👍

广东 2022年9月30日　　2

深博到底还有多少美没有绽放啊！

广东 2022年9月30日　　1

❤❤❤美极了

广东 2022年9月30日　　2

太美了

公众号推文

"观·映——汉代铜镜的图像与铭文"展览宣传推文一览表

序号	发布日期	标题	阅读量	在看	留言数	点赞	手机扫二维码看原文
1	2022 年 9 月 30 日	新展来了｜铜镜啊，铜镜，请告诉我……	18128	18	55	51	
2	2022 年 10 月 14 日	观映｜你是不是也想问：铜镜出现之前古人怎么照影？铜镜能照清楚吗？	9029	13	34	38	
3	2022 年 10 月 20 日	观映｜如果回到汉代，你能成为制镜工匠吗？先来做做这道题……	5278	10	12	27	
4	2022 年 10 月 26 日	直播预告｜如何鉴别汉代铜镜？一般人我不告诉 Ta→	4174	5	8	18	
5	2022 年 11 月 4 日	观映｜汉代人内心的小九九，都在铜镜背后了……	5663	5	10	21	
6	2022 年 11 月 9 日	观映｜心怀宇宙，看汉代人如何在方寸大小的铜镜上显身手→	3635	7	5	19	
7	2022 年 11 月 11 日	活动预告｜@深圳的大小朋友们，来深博带一只神兽回家	3083	2	7	10	
8	2022 年 11 月 16 日	观映｜汉代人心中的神兽居然是这样子的！有点逍遥有点萌……	5045	9	6	19	

序号	发布日期	标题	阅读量	在看	留言数	点赞	手机扫二维码看原文
9	2022 年 11 月 19 日	活动报名丨听说你也想带一只神兽回家？第二场来啦，速速报名！	9856	2	15	16	
10	2022 年 11 月 21 日	直播预告丨昭察衣服观容貌，小小铜镜作用远不止这些……	2546	2	2	7	
11	2022 年 11 月 24 日	观映丨为什么古代人都想成仙？汉代的这些方法靠谱吗？！	3834	8	5	20	
12	2022 年 12 月 07 日	观映丨西王母、东王公、九尾狐、三足乌……汉代铜镜里的神仙世界！	8883	7	8	26	
13	2022 年 12 月 14 日	观映丨"日有喜，月有富"，是理想生活没错了！	2916	7	35	34	
14	2022 年 12 月 19 日	观映丨倒计时 5 天！一起去看汉代铜镜里的流光与故事	3749	4	7	12	
15	2022 年 12 月 27 日	直播预告丨汉代铜镜上的铭文"中国"是什么意思？来直播间找答案吧！	2805	4	4	25	
16	2023 年 1 月 31 日	深·博学堂丨汉镜上的"中国"铭文（讲座回顾）	3206	3	1	16	

注：以上数据的统计截止于 2023 年 11 月 2 日。

项目统筹：刘　琨
组织实施：赖聪琳

学术讲座

第一场

【讲座主题】 两汉铜镜的范铸工艺
【直播时间】 2022 年 10 月 28 日 14:30
【主讲嘉宾】 董亚巍　副研究馆员

扫二维码，在文末点击"观看回放"，观看讲座视频

【讲座内容】

　　汉代铜镜是后青铜时代的文化遗存，其数量大，创新多，与传统文化结合紧密，技术水平高。研究汉镜，需要从文化和技术两个方面来进行。如果单从类型学的方法论来看待汉初的铜镜，很容易将汉初的铜镜认定为战国镜；如果从技术的视角来研究，就容易区分战国镜与汉初镜。文景时期中国古代铜镜走向市场，是汉镜大变革的重要时期。市场推动了制模及铸造技术的变革，使得工艺技术越来越平民化、规范化。汉光武时期，是汉镜的又一个大发展时期，这一时期铸造出来了许多前所未有的镜种，给隋唐铜镜的繁荣打下了坚实的基础。

　　本次讲座以铜镜铸造技术中的制模工艺为主线，通过研究留在铜镜表面的痕迹以及范铸结构、纹饰结构等来说明时代特征。

【嘉宾简介】

　　董亚巍，副研究馆员。曾任鄂州市博物馆文物复原复制研究所所长、鄂州市博物馆副馆长、名誉馆长。长期从事青铜范铸工艺研究，构建了中国古代青铜器范铸工艺的理论框架，并以理论结合实际，开创了范铸模拟实验的先河。曾在《文物》《铸造》《中国历史博物馆馆刊》《东南文化》《中原文物》《江汉考古》《四川文物》《中国钱币》等刊物发表论文 80 余篇，出版专著《范铸青铜》。

第二场

【讲座主题】 汉镜外传与汉文化向东北亚的扩散
【直播时间】 2022 年 11 月 22 日 15:00
【主讲嘉宾】 白云翔　教授

扫二维码，在文末点击"观看回放"，观看讲座视频

【讲座内容】

　　汉代是中国古代铜镜发展史上的第一个高峰时期，铜镜在汉王朝境内广泛应用的同时，还向周边国家和地区广为传播，成为汉文化向外扩散的重要物质载体和当时中外交流的重要实物见证。本次讲

座以蒙古高原、朝鲜半岛和日本列岛等地考古发现的汉镜的系统梳理为基础，就汉镜向东北亚各地的传播和汉文化的扩散及其传播路线、动因、方式等进行考察，从侧面勾画当时中外交流的图景。

【嘉宾简介】

白云翔，历史学博士。曾任考古杂志社社长、中国社会科学院考古研究所副所长、研究员、博士生导师，现为山东大学讲席教授。长期从事田野考古、学术期刊编辑、考古研究和教学以及科研组织管理工作，主要研究领域为秦汉考古、手工业考古、中外交流考古等，在国内外发表学术论著100余篇（部）。

第三场

【讲座主题】镜上的中国——三面汉镜上的"中国"铭文
【直播时间】2022年12月29日14:30
【主讲嘉宾】霍宏伟　博士

扫二维码，在文末点击"观看回放"，观看讲座视频

【讲座内容】

在中国铜镜史上，两汉时期堪称铸镜巅峰。其中，部分汉镜纹饰法天象地，别有意趣。铭文内容深邃隽永，表现形式异彩纷呈。本次讲座选取三家博物馆收藏铸有"中国"铭文的三面铜镜作为切入点，进行深入解读，复原两汉语境，重返历史现场。

每个人心中都有一个伟岸而又亲切的"中国形象"。正因如此，三面汉镜上的"中国"铭文才会引起当代人的广泛共鸣，饶有兴致地去探寻两千年前汉镜铭文上的中国故事。

汉镜虽老，"中国"永新。

【嘉宾简介】

霍宏伟，历史学博士。中国国家博物馆研究馆员，国博研究院副院长兼青铜器研究所所长，博士后合作导师。主要研究方向为汉唐考古、镜鉴学、博物馆藏品研究。先后发表论文80余篇，著有《鉴若长河：中国古代铜镜的微观世界》《古钱极品》等，主编《洛镜铜华：洛阳铜镜发现与研究》。其中，《洛镜铜华》入选"2013年度全国文化遗产十佳图书"，被翻译为日文版，在日本出版发行；《鉴若长河》入选"2017年度全国文化遗产优秀图书""三联书店2017年度优秀原创图书"，在香港出版繁体字版。

讲座主持：罗晶晶　陈　坤
组织实施：朱年金

公众活动

汉代热门神兽图鉴
——"观·映——汉代铜镜的图像与铭文"展览的教育活动策划方案

活动理念

今人想象中的神兽，和古人想象中的神兽，会是一样的吗？

中国铜镜的发展有三个高峰，汉代是其中的一个高峰期。汉镜承前启后，品类丰富、数量颇多、纹饰精美。尤其是汉镜纹饰中各类神人神兽，造型飘逸、神态端庄，表达了当时人们对神灵世界的羡慕与美好生活的向往。

但是铜镜展品在外形、色泽、质感上的重复性，容易使观众产生审美疲劳。此外，随着时代的变迁，现代观众对汉代铜镜上神兽的认知变得极为模糊。

汉代铜镜上的神兽有哪些？这些神兽又有怎样的"神力"？此次教育活动试图通过一系列环节，让观众了解汉代的神兽，加深对汉代铜镜纹饰的认知。

活动目的

本次教育活动名为"汉代热门神兽图鉴"，选择汉镜纹饰中的一些代表性神兽，通过观展、绘画和打卡活动，层层递进，激发观众对于展品的好奇心和想象力，发现铜镜纹饰中的意趣，提升观众的观展动力，对展览内容产生探究心理。

活动地点

深圳博物馆同心路馆（古代艺术）展楼一层中庭

活动环节

古代铜镜的镜背，或许就像今天的手机壳一样，是美观大于实用的装饰品。由于铜镜的纹饰众多，选择认知度最广的神兽进行符合现代审美的二次创作，让观众认同镜背纹饰的装饰价值。在参观、绘制和打卡的过程中，观众将一步一步地深入体验展览，从铜镜的纹饰中领略汉代的生活情趣。同时制作限量奖品，引导观众着重观察和了解本次展览的重点展品，提升逛展动力。

（一）参观"观·映——汉代铜镜的图像与铭文"展览

由策展人或讲解员带领参加活动的观众参观展览，让观众对汉代铜镜与神兽之间的关系、汉代神兽的"神力"有一个初步的了解。

（二）"带一只神兽回家"绘画活动

受材料和工艺的限制，古代铜镜纹饰在色彩上十分单一，大多采用金属本身的颜色。但是，在汉代人的想象世界中，它们一定是有着属于自己的配色。比如耳熟能详的"四大神兽"青龙、白虎、朱雀、玄武就在名字中包含着古代人民对于它们的色彩的想象。

在活动期间，先邀请相关插画老师对展览中铜镜的神兽纹饰进行归纳整理，进行符合现代审美的二次创作，创作8至12幅以本次展览铜镜纹饰为主题的汉代神兽插画，让观众按照自己想象中的神兽，为纹饰线稿涂抹属于自己的色彩。同时，在展览期间邀请博物馆老师和插画老师举办8场主题活动，深度解读汉代神兽在当时历史背景下的文化与艺术内涵。

神兽插画卡片参考示例

（三）"汉代热门神兽鉴定"打卡活动

设置"汉代热门神兽图鉴"打卡任务单，要求观众找到展览中与插画对应的原展品，将展品名记录在打卡任务单上。通过任务单，指引观众仔细观察展览中的重要展品，通过插画和实物的对比，直面现代人与汉代人的审美差异，同时引发观众进一步思考：除了审美以外，还有哪些因素会导致这种差异呢？

此环节设置限量奖品，完成打卡的观众即可获得。

活动现场照

老师讲解

市民参加活动

领取插画卡

奋笔疾画

为汉代神兽描上色彩

部分作品展示

青龙

白虎

朱雀

玄武

句芒

辟邪

九尾狐

文鳐鱼

方案执笔：朱年金

策划执行：梁 政 李胜男 朱年金

扫二维码观看活动现场花絮

虚拟展厅

进入深圳博物馆官网（https://www.shenzhenmuseum.com/），点击【展览】，选择【云上展览】，下滑选择【观·映——汉代铜镜的图像与铭文】，进入本次展览的虚拟展厅。

深圳博物馆官网的虚拟展厅页面

"观·映——汉代铜镜的图像与铭文"展览的虚拟展厅

项目统筹：海　鸥
项目执行：杨　帆　钟颖康　廖政豪

扫二维码进入"观·映"虚拟展厅

知识图谱

深圳博物馆"观·映"展线上知识图谱的尝试

　　"观·映——汉代铜镜的图像与铭文"展览（以下简称为"观·映"展）作为一个强叙事的展览，通过提炼汉代铜镜中重点图像和铭文的共同内涵，选择性地忽略展品中与展览叙事关联性不强的其他信息，形成了一个逻辑较为明确、叙事较为紧凑的展览文本，以期观众在已经"划好重点"的提示下轻松愉快地体验"懒人式观展"。即便如此，策展团队依然认为在保持展览的"简约"风格之余，需要有一种方式将展品中被"做减法"的精彩的图文信息保留下来，以更好地呈现展品价值、充实丰富展览的学术内涵、满足不同层次的观众需求。若将上述信息大篇幅地铺陈在展厅这一线下空间，势必削弱展览叙事的逻辑性，影响展陈设计效果，造成观众的"博物馆疲劳"，无法达到展览的信息传达和知识科普预期。因此，策展团队考虑用线上知识图谱的形式来满足这一要求。

一、知识图谱及其应用

　　知识图谱（knowledge graphs）又称语义网络，表示现实世界中的实体网络，即对象、事件、情况或概念，并说明它们之间的关系。这些信息通常存储在图数据库中，并可视化为图结构。知识图谱由三个主要部分组成：节点（nodes）、边（edges）和标签（labels）；任何物体、地点或人都可以是节点；边定义了节点之间的关系。[1]

　　博物馆作为一个知识生产和传播的机构，面对新的时代环境，需要创新的知识化范式。因此，博物馆要利用数字化的知识组织方法，实现基于本体模型和知识图谱的知识建模和知识表达，构建博物馆数字化新型的文物诠释和传播模式，提高公众对文物知识生产与获取的体验感，全面提升博物馆文化创新传播能力。[2]目前国内已有多家博物馆利用知识图谱技术搭建了知识服务平台或策划了数字化虚拟展示，如秦始皇帝陵博物院的"四海一"虚拟展览平台[3]、江西省博物馆的"江西古代名人数字人文研究服务平台"[4]、上海博物馆的"宋徽宗与他的时代数字人文专题"[5]等，此外还有相关机构开发的以AI知识图谱为核心引擎，通过高度时空化、关联化数据的方式构建及展示数字化人文历史知识的"全历史（All history）"网站[6]。

　　这种有较高互动性、不受时空限制、能全面反映文物知识信息的全新方式，既可以作为一种新的线上展览模式，也可以为线下展览提供叙事主线以外的知识拓展。尤为关键的是，这种新方式可以为观众提供有别于传统展览、更加符合人们探索欲望的新体验，在主动探索欲望的驱动下，人们获取的信息可以"融入他们的精神层面而成为长期记忆的'精神遗产'"[7]。有鉴于此，此次"观·映"展考虑利用知识图谱，选取典型展品，提取它们的主要图像和铭文作为"节点"的可视化素材，用对这些素材的分类研究和阐释信息建立起逻辑框架，以此呈现"观·映"展的拓展内容。

二、知识组织与图像处理

所谓"知识组织（knowledge organization）"，一般泛指对知识数据进行描述、标引、分类和整序。[8] "观·映"展的策展团队首先对知识图谱项目需要体现的所有图文信息以及相关素材的逻辑关联结构进行了系统性梳理，选择出16件最具代表性、内涵最为丰富的汉代铜镜样本，以此次展览内容为基础进行了描述、标引、分类与整序，由此形成了此次知识图谱逻辑关系的四个层级（图1）。需要指出的是，考虑到"观·映"展仅为一个汉代铜镜的专题临时展览，此次知识图谱的广度并未延伸至展览内容以外的相关信息。

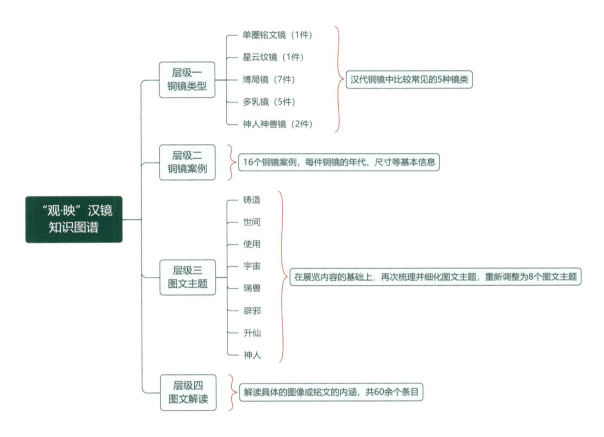

图1 "观·映"展线上知识图谱逻辑关系的四个层级

在完成知识图谱逻辑关系的四个层级后，便可以设计观众在主界面上通过哪些访问路径去查看铜像及其图像、铭文的信息，让他们从多种角度建立对铜镜文化内涵关联的理解。经过多次试验，确定了三种访问路径（图2）。此外，在主界面之外还设计了每件铜镜和每项图文解读的独立详情页，以供查看详实内容。

在梳理层级与路径的同时，也需对知识图谱所呈现的展品图像进行初步整理。鉴于此次个别展品照片的清晰度并不理想、部分铜镜色泽偏暗且有绿锈、纹饰与铭文较为抽象等情况，通过相关技术手段描绘出纹饰和铭文的线图，以线图作为知识图谱中相关图文的最终呈现方式（图3）。

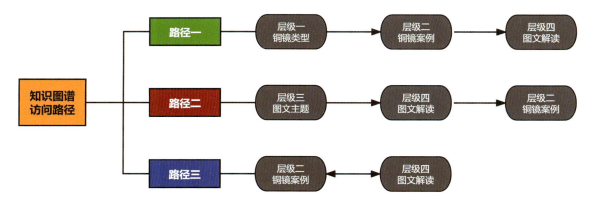

图2 "观·映"展线上知识图谱的三个访问路径

三、知识图谱的开发技术

知识图谱的开发，需要前端开发技术与后端开发技术的支持。

前端开发技术可以帮助人们更好地展示、交互和理解知识图谱中的数据。其应用包括以下几个主要方面：1. 通过使用 HTML、CSS、JavaScript 等技术，可以为实体和关系设计各种图形和样式，实现可视化展示，以便用户更好地理解和探索知识图谱。2. 在知识图谱的展示过程中，用户可以通过鼠标或手势对实体进行选择、拖放和缩放等操作，进而探索知识图谱中的关系，实现知识图谱与用户的交互。3. 可以使用响应式设计技术，为不同大小的屏幕提供适配性的布局和样式，以便用户在桌面、手机、一体机和平板等设备上都能够良好地访问和使用知识图谱。

后端开发技术在知识图谱中的应用与在其他 Web 的应用有很大的相似性，但知识图谱也有相对特殊的数据处理和分析需求。通过合理的后端开发技术选择和实施，可以实现高效、智能、可靠的知识图谱系统。其应用包括

图3 纹饰与铭文的线图

以下几个主要方面：1. 后端开发技术可以为知识图谱创建一个稳定、高效的数据库来存储和管理实体和关系，选择并使用适合的数据库，如图数据库、关系型数据库等，进行数据库模式设计、数据迁移、性能调优等工作。2. 后端开发技术可以设计和开发 API 接口，以便提供高效、可靠、易用的接口服务，将知识图谱中的数据通过 API 接口向前端展示，同时还可进行 API 文档编写、权限管理、安全审计等工作。3. 后端开发技术可以实现知识图谱的自动化部署和测试，例如利用容器化技术实现快速部署和扩展，利用自动化测试工具实现持续集成和持续交付等。

四、线上发布

此次知识图谱主要用于手机移动端的展示，其网址被嵌入在了深圳博物馆微信公众号主页。打开菜单中的"看"选项，点击底端"铜镜知识图谱互动"链接即可进入程序（图4）。此入口在展览期间及展览闭幕后的一段时间向公众开放。

知识图谱最后呈现的内容与初步整理的逻辑结构框架有些微出入。例如：层级三的八个图文主题虽然都具备深入阐释的空间，但"铸造""世间""使用"的信息载体主要是铭文而非图像，从可视化的角度来看不如另外几种主题吸引人，出于优化体验和界面设计的角度考量，程序中最终删去了路径二中这三个主题的访问入口。

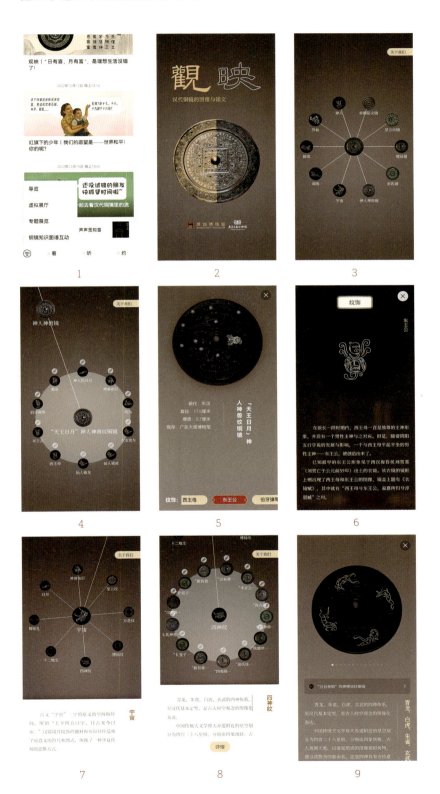

图 4　深圳博物馆微信公众号下的"观・映"展知识图谱的最终呈现

1. 深圳博物馆微信公众号主页。

2. "观・映"知识图谱主页。

3. 知识图谱首页：右侧"单圈铭文镜""星云纹镜""博局镜""多乳镜""神人神兽镜"为访问路径一的起始；左侧"神人""升仙""辟邪""瑞兽""宇宙"五个选项为访问路径二的起始。

4. 路径一"神人神兽镜"类型之下的具体案例，其外围一周为该铜镜的重点图文信息，可点击查看。

5. 跳转到案例界面，可点击铜镜上的信息点或页面底部的关键词查看详情。

6. 该铜镜"东王公"图像的详情页。

7. 路径二"宇宙"主题页面，归纳了属于该主题的 8 类题材。

8. 点击"四神纹"图标，可进一步查看铸有四神纹的铜镜案例，或四神纹的详情页。

9. 四神纹的详情页，可查看所有案例的线描图。

五、结语

在强叙事展览的思想指导下，"观·映"的线下展览以图文主题（即知识图谱中的层级三）为篇章标题，以图文内涵的具体解读（即知识图谱中的层级四）为展览文本的主体内容，虽然在个别篇章中对汉代的铜镜类型（即知识图谱中的层级一）进行了描述，但完全省略掉了对单个铜镜（即知识图谱中的层级二"铜镜案例"）的全方位解读。这种展陈方式主要服务于现场参观体验，在重点突出展览叙述主线和展品的共性的同时，却淡化了展品的个性。

知识图谱则可弥补线下展览的不足，既保留了展览叙事逻辑所要表达的展品共性内涵，又能着重于单件展品的解读，在展品信息的系统性和详实性方面成为线下展览的重要补充，丰富了体验的维度。本次知识图谱的设计，通过宏观和具体的视角对铜镜进行了系统性整理和较为详实的解读，是深圳博物馆第一次利用数字化进行知识组织的有益尝试。

注释：

[1] 该定义参考 https://www.ibm.com/topics/knowledge-graph。

[2] 李峰：《文物知识聚合与传播的初步研究——以上海博物馆"宋徽宗与他的时代数字人文专题"为例》，《东南文化》，2022 年第 3 期。

[3] http://124.115.173.6:8079/。

[4] http://www.jxmuseum.cn/zstp/index.html.。

[5] 李峰：《文物知识聚合与传播的初步研究——以上海博物馆"宋徽宗与他的时代数字人文专题"为例》，《东南文化》，2022 年第 3 期。

[6] https://www.allhistory.com。

[7] 沈辰：《什么是观众喜欢和看得懂的展览？》，《科学教育与博物馆》，2020 年第 6 期。

[8] 李峰：《文物知识聚合与传播的初步研究——以上海博物馆"宋徽宗与他的时代数字人文专题"为例》，《东南文化》，2022 年第 3 期。

文章执笔：刘绎一
策划创意：蔡　明
策划执行：刘绎一

扫二维码，体验"观·映"展知识图谱

在展览……来看

……的作品的话其实呈现很多小细节

最吸引我的是铜镜里的故事

《敬山海经》……阿神·王行……

学到了很多知识。

感谢！顺祝冬祺！

2022.12.20

观众留言本

古人以镜自鉴

今人以镜疲思

镜之不变，人之已改

孔镜之已变 或人之仍在

观 映 更甚 观己心

心之所在 镜之所映

一知石治
2022年10月2日终.

留言 1

这个铜镜展非常好
给策展人点赞！
过往在很多博物馆看此
铜镜专题展，往往走马观花，
看不明白 其展文物与局部放大图
以及说明 放在一起，不较大 了更
了普通观众 的理解！
这次终于能稍 S看懂一些
铜镜上 些刻 都是什么 了. 收获满满！

陈振芬
2022.10.22

留言 3

在闭展之前来看
铜铜品的话其实还可以发现很多小细节
最吸引我的是铜镜里的故事
像山海经、口神、王约等.
学到了很多知识.
感谢！顺祝冬祺！
2022.12.20

留言 2

118

虽然没有讲解老师
也被志工裹了很多
背茶知识，真的很用心
镜子的摆放与讲解板
上镜子的方向都是一
致的，很方便查看！
谢谢！
这些壹有壹传科乐。
开心

Si
2022.11.12.

留言 4

"长乐未央"
展览的文字对语，语境优美，
词藻柔和，谢谢主办方用心。
有了汉代如临现场之感。

祝祖国海宴河清！！！疫情早早结束！
小周
2022.11.8

留言 5

每次看到古人尝试去理解宇宙的星相，
都会被古人的想象力与智慧折服。
写错字了 …… ——Tong 10.18.

留言 6

历史早已沉埋在不可复视的时光中，今之视昔亦如后人视今，我
们能留下什么？
策展人是专们的，让我们去看懂，详尽却不冗长，配以手册，读之甚欢，
大喜。愿，此册书写之人愿望尽现，愿日有喜，月有富，常得意，岁岁平安。

留言 7

119

微信公众号留言

我敢收，你敢出吗😊

抠纹饰细节好评

给封面赞一个😙

免费收可以考虑。

可以送我吗😊反正闲着也是闲着

留言1

夸夸观·映展！

1.展品：策展通过直观对应的展板，对铜镜上的铭文、花纹、图样进行了介绍，让观众理解不同铜镜铭文内容的含义、图样及花纹所反映的时代特征。（但没有看到古铜镜的正面，很好奇它保存至今是什么样的状况？）

2.展板：知识拓展的角度和内容丰富，印象比较深刻的是对古人宇宙观、神兽和西王母的介绍。通过展板知识，更清楚地体会到古人的精神崇拜如何反映在日常使用的器物上。

3.手册、纪念章和配套活动：手册里竟然有以铜镜图样为素材设计的贴纸，好可爱！纪念章和活动章使用四神博局纹铜镜和四神兽来设计，非常精美，能比直接欣赏铜镜更清晰地欣赏图案的纹路，太喜欢了！配套的活动门槛不高，大人小朋友都能参与，"在玩中学"既轻松又有收获。

4.😶🙌明人不说暗话，好想收集到神兽图鉴！路过的朋友可以帮忙实现这个心愿吗谢谢大家🙏🙏

留言2

铜镜知识图谱互动👍👍可以按纹样分类，对比同纹样在不同铜镜上是如何表现的。还可以按铜镜分类，欣赏单面铜镜上都集合了哪些纹样。
希望未来多设计点这种互动，还希望展览结束后别下线去官网能找到。

另：《规矩的使用与汉镜等分布局》处提出的问题是否能公布答案？借助网络也未能查到大数字等分的作图法，是否尚未有研究结论？🙏

留言3

有没有打算二刷观映展的，来这里集合~😎

浅浅分享一波观后感，顺便求个赞，孩子想要前5🥺：
本人是观展小白，观·映是我在深博看的第一个展，观展体验十分舒适，留下了很好的体验🐧

👉观展环境：我预约的周六下午，深博的预约号全满了，已经做好了人流量较高的心理建设，没想到，完全没发生我担心的场景，的确有家长带着孩子来的，太闹腾的话也会被工作人员提醒。偶尔也有小朋友提出很新奇的问题，不禁感叹小朋友的视角果然有趣，总之是非常休闲地看完了全程，快乐！

👉展品和解说：观·映展，说是雅俗共赏完全不过分。
🤭往浅的说，这是一场美学盛宴，任何人无需有多么深的文学历史素养，也能从那些精美的图形和铭文上，感受到古人的巧思匠心、虔诚信仰以及极高的审美与逻辑。用最朴实的语言来描述，那就是：太好看了！太惊艳了！

🤓往深的讲，如果想要细细了解展品的含义和背后的故事、展板上的解析也十分简单易懂，要是想要了解更多，可以搭配上讲解，体验会更加深刻。我印象最深的是，展区墙面上有道数学题（简直不敢相信！）我们的祖先是如何打造出一个个完美的正圆铜镜，这里卖个关子。真是无比感慨古人的智慧，来自千年前的碾压😂

最后，再次感谢深博带来这么棒的展览！也真心推荐大家前往欣赏，祝大家"观·映"愉快！

最后的最后，给大家拜个早年：
祝大家身体健康，万事如意！恭喜发财，点赞拿来~~~~
好想要神兽图鉴，谢谢大家🤗

留言4

微博评论

22-10-27 22:01 来自 微博轻享版
发布于 广东

/小记/ 觀映 汉代铜镜的图像与铭文

展厅的最后一单元叫

/观镜/

复原了汉代居室使用铜镜的场景
"观容貌正衣冠"
场景做的很用心!
后面的屏风和马王堆看到的那些漆器的纹样
非常相似
地上摆放的那套用具,也正是相似的配置

这个展逛下来就打心底地觉得好,每一个细节都能感觉到策展的用心,展品布置得很舒服,整个展的文字解释真的非常丰富且详尽,主题很清晰,解说姐姐也讲得很好,全程走下来一个多小时,觉得学到了很多。
很可惜这个展太新了(9.30才开的展),小册子还没印出来,没带走小册子留念,有机会再去一次!

一些可爱

评论 5

22-11-30 14:52 来自 iPhone客户端
发布于 北京

#约会博物馆##青年策展人on the way#
从博物馆出来你会得到什么?从精神层面来说:知识,娱乐和共鸣(情感),评价~从物质层面来说:文创,门票和宣传册~你对宣传册有什么看法呢?作为展览策划,我对宣传册有着一定的感情🌿我收到了来自@深圳博物馆 的宣传册,真的要给一个大大的赞👍,希望所有的博物馆都能像@深圳博物馆 学习,让我们在博物馆畅游的同时有个美好的记忆😭📷 口SY博物匠心的微博视频

评论 1

22-11-12 20:23 来自 iPhone客户端
发布于 广东

弥补了上周的遗憾
今天和方医生██████一起看了深博汉代铜镜展,说实话能把铜镜展做好很不容易,今天的展已经很不错,尤其是得知仅用规矩将圆周等分为四、六等分甚至进一步等分成八、十六、七、十一、二十三等奇数!

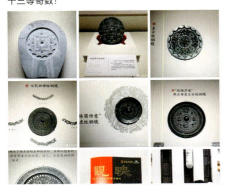

评论 2

22-10-18 12:19 来自 iPhone
发布于 广东

深博實力寵粉
上次留言說想和漢代銅鏡合影
沒想到真的安排上了 我爆哭!

评论 3

22-10-9 14:06 来自 OPPO Reno6 Pro...
发布于 广东

图7 -9上部分是背景知识,下部分为铜镜展陈。板子倾斜的角度观展起来很舒适,看着看着会忘记玻璃的存在,旁边一位小姐就一头撞上去了😂#观映# ——汉代铜镜的图像与铭文#深圳博物馆##广东大观博物馆#
(图15 铭文:四夷降服中国宁······)

评论 4

22-11-1 00:10 来自 微博网页版
发布于 广东

＋关注

深圳博物馆古代艺术馆《观映》

先说结论：可以，很好，可以说是深圳博物馆今年比敦煌展质量还要高的展了。（因为敦煌展严格意义上不能算深圳博物馆的展）

标题对应了展览的两个主题，也用了副标题进行补充解释，一个是图像，一个是铭文，简洁切题。你可以说是铜镜展，但是又不是。

展厅依旧是利用原有的分裂式空间——毕竟每个展厅都不大，这个可能是以往建馆的时候的设想，没办法的事，我个人还是比较诟病的。两个展厅三个部分，内容比较充实，参观起来也不会太累。内容分为铸镜、饰镜和照镜，分别是铜镜的铸造，铜镜纹样和铭文的解读，以及铜镜的使用。序厅的安排很厉害，你说厉害其实也很普通，但是很多馆不会这样做。三件展品分别是青铜鉴，一件复制品的正面，一件展示切合"观映"主题铭文的铜镜。因为这个的并不是从青铜镜的文物学的角度去布展，那么映容的另一种形式鉴是非常关键的知识点；复制品把镜面翻过来在一开始的时候就能解决掉95%的刘小闹式的提问，以及防止观众看完看了个寂寞说铜镜咋照人儿啊，能照人儿吗？

括号注：刘小闹式问题即满脑子不着边际偏不按你大纲不按你讲解词不按你套路问问题让首博五期志愿者闻风丧胆的人的提问括号完了。铭文镜在序厅也可以提纲挈领地点题，将物质文化和精神文化予以说明。

铸镜这个可有意思了，这部分简直是铜镜的科技考古科普，从范铸法到连弧纹的算法，反正你想问的我都有，看你刘小闹看不看得懂我就不管了[lol]

"饰镜"是展览重点，以汉镜载体介绍汉代的人文，修仙，神话等思想，所以其实"饰镜"这个名字也许是为了在大纲上做文本上的匹配，但我其实觉得可能并不严谨，因为这些纹饰和铭文在从属关系上的确是饰，但其实回到展览的初衷，这些装饰也许并不是铜镜的手段。所以你可以说这是铜镜展，但这又是一个很明显会让代入到主题故事的展。在内容的梳理上很明确，知识点很清晰，并且这些知识点都用很简洁的图像以及排版设计进行联动，所以很容易让人从文字到图像到思想有一个综合理解。总展品一共70多件，不是特别的多，铜镜比较代表的一些范式基本也都有，策展人在于既有的这些展品进行行的内容的梳理和呈现，辅助展品的拓展运用、再到平面设计对于观众的信息接收起了很大的作用。

那么最后这一部分的话，就是个人认为的一个小小的瑕疵，就是"照镜"的这个部分，对于整体来讲，稍微有一些虎头蛇尾。多是用展板展示古代绘画中铜镜的使用场景，加了一个用拍照的空间，对于空间的支撑有点难。（有朋友说是大观博物馆有些展品没有来）

主题的"映"的释读放在了结语旁，理解的话是从空间设计上首尾呼应，不解的话会觉得虽然都在"映"，但"映"得削微有点儿晚。

对比去年的万物毕照和国博的展览加上这一个，国博的没印象了…万物毕照的学术性较强，"观映"这个展览很小巧精妙，可看性很强。

评论6

122

小红书评论

深博🆕新展来了丨铜镜啊，铜镜

深圳博物馆与广东大观博物馆共同举办的展览
观·映——汉代铜镜的图像与铭文
已经在深圳博物馆古代艺术馆开幕
展览分为三个单元
共展出70余件汉代铜镜
观众可以通过铜镜背面的图像和铭文一窥古人的社
会生活与精神世界
从汉代人的视角解读其对当时人们的作用和意义

评论 4

约会博物馆丨深圳博物馆

《观·映》汉代铜镜展 — 深圳博物馆古代艺术馆
展厅里，有一个关于铜镜的展览，有设计、有心
意！🌱 第一次这么细致的了解铜镜！

评论 1

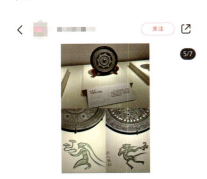

展.2「观映·汉代铜镜的图像与铭文」

「观映·汉代铜镜的图像与铭文」
每个铜镜都是艺术品，其花纹之精美，工艺之高
超，内涵之丰厚，都让我叹为观止。
三大单元：铸镜、饰镜（宇宙、神兽、升仙、神
仙、世间）、照镜，以发展为线介绍了自古以来人
们寄托在铜镜中的思想和愿望。展品大多有简单的
介绍词和背景资料补充。很多细节图都有被放大加
以讲解，总体来说观展体验还不错。

评论 2

深圳展览丨第一次去深圳博物馆日记✍️📒

上周公司组织活动去了趟「深圳博物馆」
从小生活在深圳 这竟然是我第一次去深博❗
建筑外观造型平平 里面竟别有一番风味🏛️
中间的天花做的天光设计很适合做公教活动👫
也是网红胶囊电梯打卡点～

- 目前馆里有三个展览——

◆「观映」
汉代铜镜的图像与铭文

🔵古人观看铜镜，是在认识镜中的自己。

铜镜的背面有着繁复的纹饰作为装饰同时也蕴含着
背后的内涵。

展览用铜镜作为切入点，试图让今人在观赏铜镜上
精美的图像和铭文的同时，感受其背后的历史。

◆「问陶之旅」
深圳博物馆陶瓷展🍊

中国是驰名世界的陶瓷古国，深圳博物馆作为市博
物馆，收藏着一批精美的陶瓷。

展览用时间线串起陶瓷器，从新石器时代的马家窑
一直到民国时期的墨床。

各朝代的陶俑们神态动作都特别的生动，忍不住做
了一批表情包😜

◆「吉金春秋」
深圳博物馆铜器展（10号展厅）

一个反映出中国几千年来社会变迁、审美情趣，不
同时期历史文化、工艺技术以及社会思想的展览。

评论 3

看到这段铭文莫名地想哭是怎么回事😭

不知为什么，看到这段铭文，有点想哭😓

清冶铜华以长明
质以清光明
长乐未央
佳人何伤
勿相忘
（图五）

#深圳博物馆古代艺术馆 #值得看的展览安利 #
深圳看展 #看展 #汉代铜镜的图像与铭文 #冷知
识

2022-10-27

共60条评论

让大家听到你的声音

哇！这个博物馆的标牌真的很有真情实感
啊。非常有自己的风格啊😂😂😂 258
2022-10-27 回复
作者赞过

作者
看得出是花了心思的，很赞 37
2022-10-27 回复

作者
回复 　　　　：深圳博物馆欢迎 1
你🥰 2022-10-27 回复

回复 　　　　：建议全国推广。光看
这些标牌就很赏心悦目啊😂😂😂
2022-10-27 回复

回复 　　　　：哈哈谢谢。有机会一
定去看看！真的希望我们苏博也能学
习一下🤭 2022-10-27 回复

评论 5

图

版

蟠螭纹铜鉴

春秋

高 36 厘米　直径 73 厘米

广东大观博物馆提供

　　圆鉴。窄平沿，方唇，束颈，弧腹，矮圈足。

　　有两个兽首形錾；中腹部口沿、颈部、上腹部、中腹部饰一周蟠螭纹；下腹部为蕉叶纹，蕉叶内饰蟠螭纹；圈足饰绚索纹。

"观容貌" "皎光" 重圈铭文铜镜

西汉
直径 18 厘米　厚 0.6 厘米
广东大观博物馆藏

　　镜为圆形。半球形钮，十二连珠纹钮座。钮座外有两圈铭文带。镜缘为素面宽缘。

　　内圈铭文顺时针旋读："清訬铜华以为镜，昭察衣服观容貌，清光乎宜佳人。"外圈铭文顺时针旋读："如皎光而耀美，挟佳都而无间，慷轑察而性宁，志存神而不迁，得并观而不弃，精昭折而伴君。"

"如皎光而耀美"　　"昭察衣服观容貌"

"汉有善铜"四神博局纹铜镜

汉

直径 14 厘米　厚 0.5 厘米

广东大观博物馆藏

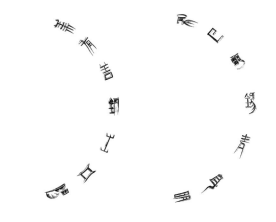

"汉有善铜出丹阳"　"和已（以）银锡青（清）且明"

镜为圆形。半球形钮，圆形钮座。钮座外有一周方形框，方形框外为主纹区。

主纹区被 T、L、V 符号和八枚乳钉分为四方八区，饰有四神与神兽，隔 T 形符号两两相背，分别为（顺时针方向）：玄武与神兽，白虎与独短角神兽，朱雀与独长角神兽，青龙与羽人。

主纹区外有一圈铭文带，铭文顺时针旋读："汉有善铜出丹阳，和已（以）银锡青（清）且明，左。"铭文带外有一周栉齿纹。宽厚的镜缘上饰一周锯齿纹和云气纹。

神兽　　　　　　　　　　玄武

独短角神兽　　　　　　　白虎

独长角神兽　　　　　　　朱雀

羽人　　　　　　　　　　青龙

"柒言之始"七乳神兽纹铜镜

东汉

直径 16 厘米　厚 0.6 厘米

广东大观博物馆藏

　　镜为圆形。半球形钮，柿蒂纹钮座。钮座外有一周较窄的纹饰带，所饰纹饰应为抽象化的四神。其外为主纹区。

　　主纹区内环列七枚连弧纹座乳钉，乳钉间饰以神兽或神人，分别为（顺时针方向）：持物的羽人，神兽，凤凰（或为朱雀），羽人，龙，神兽，虎。

　　主纹区外有一圈铭文带，铭文顺时针旋读："柒（七）言之始自有纪，炼冶同（铜）易（锡）去其宰（滓），辟阴不祥宜古（贾）市，长保二亲利孙子。"铭文带外有一周栉齿纹。镜缘上饰一周锯齿纹和云气纹。

"炼冶同（铜）易（锡）去其宰（滓）"

持物的羽人

神兽

凤凰（或为朱雀）

羽人

龙

神兽

虎

"铜华" 单圈铭文铜镜

西汉
直径 18.7 厘米　厚 0.7 厘米
广东大观博物馆藏

　　镜为圆形。半球形钮，十二连珠纹钮座。钮座外饰八个内向连弧纹，其外有一圈铭文带。镜缘为素面宽缘。

　　铭文顺时针旋读："涷（炼）治（冶）铜华清而明，以之为镜宜文章，延年益寿辟不羊（祥），与天毋（无）亟（极）如日光，千秋万岁长命兮。"

"以之为镜宜文章"

花叶纹铜镜

西汉
直径 19 厘米　厚 0.1 厘米
广东大观博物馆藏

　　镜为圆形。半球形钮，柿蒂纹钮座。主纹区有四个四瓣座乳
钉，似四朵绽放的花朵，两枚乳钉之间有上下两组下垂的花苞。
主纹区外有一圈内向连弧纹。镜缘为素面。

　　此镜表面有两周细细的凸弦纹，最外圈的凸弦纹几乎与下垂
的花苞相切，疑似为用于规划纹饰位置的起稿线。

起稿线

四神博局纹铜镜

汉
直径 18.8 厘米　厚 0.7 厘米
广东大观博物馆藏

　　镜为圆形。半球形钮，柿蒂纹钮座。钮座外有一方形框，框内间饰十二枚乳钉和十二地支铭文。框外为主纹区。镜缘饰一周锯齿纹和缠枝纹。

　　主纹区被 T、L、V 符号和八枚乳钉分为四方八区，饰有四神与神兽，隔 T 形符号两两相背，分别为（顺时针方向）：朱雀与麒麟（独角羊状）；白虎与独角神兽，其间有一小鸟；玄武与独角神兽（或为辟邪）；青龙与凤凰，其间有一手捧芝草的羽人。

麒麟（独角羊状）　　　　　　朱雀

独角神兽　　　　　　白虎

独角神兽（或为辟邪）　　　　玄武

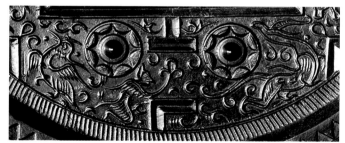

凤凰　　捧芝草的羽人　　　　青龙

"尚方御竟"四神博局纹铜镜

汉

直径 13.9 厘米　厚 0.4 厘米

广东大观博物馆藏

"尚方御竟（镜）真大好"

　　镜为圆形。半球形钮，柿蒂纹钮座。钮座外为主纹区。

　　主纹区被 T、L、V 符号和八枚乳钉分为四方八区，饰有四神与神兽，隔 T 形符号两两相背，分别为（顺时针方向）：朱雀与鹿；白虎擎月与独角神兽，其间有两只小鸟，月中有蟾蜍；玄武与羽人，羽人呈舞蹈状，身后有一只小鸟；青龙擎日与凤凰，其间有两只小鸟，日中有金乌。

　　主纹区外有一圈铭文带，铭文顺时针旋读："尚方御竟（镜）真大好，上有仙人不知老，渴饮玉泉饥食枣，浮游天下遨四海，寿如金石□□保兮。"铭文带外有一周栉齿纹。宽厚的镜缘饰一周锯齿纹和云气纹。

鹿　　　　　　　　　　　　朱雀

独角神兽　　　　　　　　　白虎擎月

羽人（舞蹈状）　　　　　　玄武

凤凰　　　　　　　　　　　青龙擎日

四猿十二蟠龙纹铜镜

西汉
直径 17.2 厘米 厚 0.6 厘米
广东大观博物馆藏

镜为圆形。三弦钮，圆形钮座。钮座外有一周凹面圈带，圈带通过四个四瓣座乳钉，将纹饰区分为内外两区。镜缘为卷缘。

纹饰为"两层花"。地纹为同心圆状的涡纹，内区主纹为四个蟠龙纹，外区主纹为四个猿猴纹与八个蟠龙纹。

四虎草叶博局纹铜镜

西汉
直径 16 厘米　厚 0.4 厘米
广东大观博物馆藏

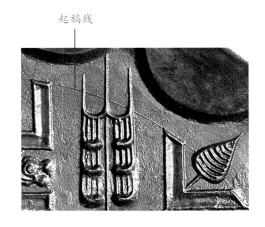

起稿线

　　镜为圆形。半球形钮，柿蒂纹钮座。钮座外有一方形框，框外为主纹区。镜缘为一周内向连弧纹。

　　主纹区被 T、L、V 符号和四枚乳钉分为四区。其中，每枚乳钉向外延伸出两个三层草叶纹，每个 L 形符号均饰有一个单层草叶纹，每个 V 形符号均饰有一个花苞纹，T 与 L 形符号之间饰有一个虎纹。T 形符号两侧各有一字，共 8 字，逆时针旋读："久不相见，长毋相忘。"

　　镜上有一周细细的凸弦纹，与 L 形符号的短边、V 形符号的两端相切，应为用于规划纹饰位置的起稿线。

星云纹铜镜

西汉

直径 17.8 厘米　厚 0.8 厘米

广东大观博物馆藏

镜为圆形。博山钮，圆形钮座，钮座内以弧线连接八枚小乳钉构成星云纹。钮座外有一周内向连弧纹。

主纹区被四枚连弧纹座大乳钉分为四区，每区内有十二枚小乳钉，乳钉间以弧线连接，构成星云纹。镜缘饰一周内向连弧纹。

"精白""昭明"重圈铭文铜镜

西汉
直径 15.5 厘米　厚 0.5 厘米
广东大观博物馆藏

　　镜为圆形。半球形钮,十二连珠纹钮座。钮座外有两圈铭文带。镜缘为素面窄缘。

　　内圈铭文顺时针旋读:"内清质以昭明,光辉象夫日月,心忽扬而愿忠,然壅塞而不泄。"外圈铭文顺时针旋读:"絜(洁)精白而事君,怨污驩(欢)之弇明,彼玄锡之流泽,而日忘,怀糜美之穷暟,外承驩(欢)之可说(悦),慕交(窈)窕之灵景(影),愿永而毋绝。"

"内清质以昭明"　"絜(洁)精白而事君"

"作佳竟"四神禽兽博局纹铜镜

汉

直径 19.2 厘米　厚 0.5 厘米

广东大观博物馆藏

　　镜为圆形。半球形钮，圆形钮座。钮座外有一方形框，框内间饰十二枚乳钉和十二地支铭文。框外为主纹区。

　　主纹区被 T、L、V 符号和八枚乳钉分为四方八区，饰有四神与神兽，隔 T 形符号两两相背，分别为（顺时针方向）：青龙与凤凰，朱雀与神兽，白虎与独角神兽，玄武与羽人。其中，羽人与青龙隔 V 形符号两两相对，呈羽人戏龙状。

　　主纹区外有一圈铭文带，铭文顺时针旋读："作佳竟（镜）哉真大好，上有仙人不知老，渴饮玉泉饥食枣，浮游天下敖四海，寿敝金石为国保。"铭文带外有一周栉齿纹，镜缘饰一周锯齿纹和云气纹。

凤凰　　　　　　　　　　青龙

神兽　　　　　　　　　　朱雀

独角神兽　　　　　　　　白虎

羽人　　　　　　　　　　玄武

143

四乳四神禽兽纹铜镜

汉

直径 13 厘米　厚 0.5 厘米

广东大观博物馆藏

镜为圆形。半球形钮，柿蒂纹钮座。纹饰区内被四枚乳钉分为四区，每区内饰有四神与禽兽，分别为（顺时针方向）：朱雀与神鸟；白虎与麒麟（独角羊状）；玄武与鸟，其中玄武的蛇尾处似有一芝草；青龙与羽人，呈羽人戏龙状，两者之间似有一芝草。镜缘上饰双线锯齿纹。

| 朱雀 | 鸟 | 白虎 | 麒麟（独角羊状） |

| 鸟 | 玄武 | 青龙 | 羽人 |

"宜子孙"七乳神兽纹铜镜

东汉
直径18.8厘米 厚0.7厘米
广东大观博物馆藏

镜为圆形。半球形钮，圆形钮座。钮座外饰九枚小乳钉，乳钉间有"宜子孙"铭文。其外有一周变形云气纹与主纹区，宽厚的镜缘上饰一周锯齿纹与云气纹。

主纹区内环列七枚连弧纹座乳钉，乳钉间饰以神兽，分别为（顺时针方向）：独角神兽，玄武，独角神兽（或为辟邪），青龙，朱雀，麒麟（独角羊状），白虎。

独角神兽

玄武

独角神兽（或为辟邪）

青龙

朱雀

麒麟（独角羊状）

白虎

胡汉交战画像纹铜镜

东汉
直径 21.7 厘米　厚 0.9 厘米
广东大观博物馆藏

镜为圆形。半球形钮。纹饰区内环列四枚乳钉，饰有四组纹饰。镜缘纹饰丰富，装饰变形神兽纹，大体有（顺时针方向）：神兽（与鼠相似），鹊鸟，朱雀，象，两个捣药的羽人，熊，两只鹊鸟，双鱼，九尾狐，青龙。

纹饰区内的四组纹饰分别为（逆时针方向）：

第一组，饰有四人。其中一人形体较大，跪坐，头戴尖顶风帽、高鼻深目，左侧有一榜题铭文"胡王"，应为胡王；胡王身后立有一人，应为胡王的侍者；胡王身前有三人跪坐，呈恭敬状，似在向胡王汇报。

第二组，饰有四人。左侧两人头戴尖顶风帽，应是胡兵，他们在骑马前奔的同时，还回首张望；右侧两人头裹巾帻，应是汉兵，正在策马追击左侧的两人。这幅图像表现的应该是胡人战败后、被汉兵追击的场景。

第三图，饰有两人。其中一人形体较大，正襟危坐，右侧有一榜题铭文"秦将军"，应是汉军将领；左侧的乳钉处有一小人，手被反绑，低头下跪，应是被俘获的胡人；胡人身前有四个头戴尖顶风帽的胡兵人头。这幅图像表现的应该是献俘场景。

第四图，饰有三人。其中一人体型较大，挥袖起舞，其脚下有一个鼓和七个倒置的盘碟，该女子所跳之舞应为汉代的盘鼓舞。另有二人跪坐，应在观舞。这幅图像描绘的应该是战争胜利后汉军庆祝的场景。

九尾狐

象

两个捣药的羽人

熊

双鱼

神人神兽纹铜镜

东汉

直径 13 厘米　厚 0.5 厘米

广东大观博物馆提供

镜为圆形。半球形钮，连珠纹钮座。主纹以四只神兽分为四组，这些神兽的部分骨节以环状乳装饰，口中衔巨。四组纹饰分别为（顺时针方向）：黄帝；头戴三山冠的东王公；伯牙弹琴；西王母。

纹饰区外间饰十二个半圆与十二个方枚，半圆中饰云纹，每个方枚中有四字铭文，暂未释读。镜缘饰两圈纹饰，外圈纹饰为云纹，内圈装饰神人神兽。

镜缘的内圈纹饰可分为两组（逆时针方向），一组大体为：伏羲捧日（或嫦娥捧月），羽人，羽人骑神兽，鹊鸟。另一组大体为：伏羲捧日（或嫦娥捧月），神兽，羽人，六龙驾车。

"吾作明竟"重列式神人神兽纹铜镜

东汉
直径 11.2 厘米　厚 0.4 厘米
广东大观博物馆藏

镜为圆形。半球形钮，圆形钮座。纹饰区分为上下五段，分别为：

第一段中间有一位端坐于龙虎座上的神人，神人左侧为朱雀，右侧有一羽人。

第二段纹饰分为左右两组，左组为伯牙弹琴，子期倾听；右组有一神人端坐，其侧有一侍者；两组纹饰中间有长方格，格内有直行铭文"君宜"。

第三段以钮为中心，钮两侧各有两位神人，神人左侧有一青龙，右侧有一白虎。

第四段中间有长方格，格内有直行铭文"高官"；长方格两侧各有两个神人。

第五段中间端坐一位神人，其左侧有一玄武，右侧有一神鸟。

镜缘饰一圈铭文，铭文顺时针旋读："吾作明竟（镜），□涷□商，周罗三，五帝，佰团单（弹）琴，黄啇凶，朱鸟玄武，君宜高官，□。"

龙虎对峙纹铜镜

东汉

直径 11 厘米　厚 0.7 厘米

广东大观博物馆藏

镜为圆形。半球形钮，圆形钮座。主纹区有龙虎夹钮对峙，钮左为龙，张口露齿，脑后有一长角；钮右为虎，龇牙咧嘴。镜缘饰两周锯齿纹。

星云纹铜镜

西汉

直径 18 厘米　厚 0.6 厘米

广东大观博物馆藏

镜为圆形。博山钮，圆形钮座，钮座内以弧线连接六枚小乳钉构成星云纹。钮座外有一周内向连弧纹。

主纹区被四枚连弧纹座大乳钉分为四区，每区内有十一枚小乳钉，乳钉间以弧线连接，构成星云纹。镜缘饰一周内向连弧纹。

七乳四神纹铜镜

东汉
直径 14.2 厘米　厚 0.5 厘米
广东大观博物馆提供

镜为圆形。半球形钮，圆形钮座。钮座外饰九枚小乳钉，其外有一周变形云气纹与主纹区。宽厚的镜缘上饰一周变形四神纹。

主纹区内环列七枚连弧纹座乳钉，乳钉间饰以神兽，分别为（顺时针方向）：羽人，龙，朱雀（或为凤凰），虎，麒麟（独角羊状），独角神兽（或为辟邪），神兽。

青龙

白虎

朱雀

玄武

羽人

龙

朱雀（或为凤凰）

虎

麒麟（独角羊状）

独角神兽（或为辟邪）

神兽

四神博局纹铜镜

汉

直径 12 厘米　厚 0.5 厘米

广东大观博物馆藏

　　镜为圆形。半球形钮，柿蒂纹钮座。钮座外有一周
方形框，方形框外为主纹区。主纹区被 T、L、V 符号分
为四区，每区饰有一组四神，分别为（顺时针方向）：
朱雀、白虎、玄武、青龙。宽厚的镜缘上饰几何形纹饰。

朱雀　　　　　　　　　　　　白虎

玄武　　　　　　　　　　　　青龙

"尚方御竟"四神博局纹铜镜

汉

直径 18.5 厘米　厚 0.5 厘米

广东大观博物馆藏

　　镜为圆形。半球形钮，柿蒂纹钮座。钮座外有一方形框，框内间饰十二枚乳钉和十二地支铭文。框外为主纹区。

　　主纹区被 T、L、V 符号和八枚乳钉分为四方八区，饰有四神与神兽，隔 T 形符号两两相背，分别为（顺时针方向）：朱雀与羽人骑鹿；白虎与独角神兽（或为辟邪）；玄武与羽人持芝舞蹈，羽人旁有一小鸟；独角神兽（或为辟邪）；青龙与凤凰，其间有一手捧芝草的羽人。

　　主纹区外有一圈铭文带，铭文顺时针旋读："尚方御竟（镜）大毋伤，左龙右虎辟不祥，朱鸟玄武调阴阳，子孙备具居中央，长保二亲乐富昌，寿敝金石如矦（侯）王。"镜缘饰一周锯齿纹和云气纹。

"左龙右虎辟不祥，朱鸟玄武调阴阳"

羽人骑鹿　　　　　　　　朱雀

独角神兽　　　　　　　　白虎

羽人（持芝舞蹈）　　　　玄武

凤凰　　　　　　　　　　青龙

"桼言之纪"四神博局纹铜镜

汉

直径 16.9 厘米　厚 0.5 厘米

广东大观博物馆藏

镜为圆形。半球形钮，圆形钮座。钮座外有一方形框，框内间饰十二枚乳钉和十二地支铭文。框外为主纹区。

主纹区被 T、L、V 符号和八枚乳钉分为四方八区，饰有四神与神兽，隔 T 形符号两两相背，分别为（顺时针方向）：玄武与鹿；青龙与持芝草的羽人；朱雀与凤凰；白虎与神兽（或为蟾蜍）。

主纹区外有一圈铭文带，铭文顺时针旋读："桼（七）言之纪造竟（镜）始，炼冶同（铜）锡去恶宰（滓），长保二亲利孙子，辟去不羊（祥）宜古（贾）市。"镜缘饰一周锯齿纹和云气纹。

鹿　　　　　　　　　　玄武

持芝草的羽人　　　　　青龙

凤凰　　　　　　　　　朱雀

神兽（或为蟾蜍）　　　白虎

"吾作明竟" 四兽衔巨纹铜镜

东汉
直径 12.7 厘米　厚 0.5 厘米
广东大观博物馆藏

　　镜为圆形。半球形钮，圆形钮座。主纹以四只神兽分为四组，这些神兽的部分骨节以环状乳装饰，口中衔巨。四组纹饰分别为（顺时针方向）：黄帝；头戴三山冠的东王公；伯牙弹琴；西王母。

　　纹饰区外间饰十二个半圆与十二个方枚，半圆中饰云纹，每个方枚中有一字铭文，铭文顺时针旋读："吾作明竟（镜），幽涷三商，大吉昌兮。"镜缘饰两圈纹饰，外圈纹饰为云纹，内圈纹饰装饰神人神兽。

　　镜缘的内圈纹饰可分为两组（逆时针方向），一组大体为：伏羲捧日（或嫦娥捧月），鹊鸟。另一组大体为：伏羲捧日（或嫦娥捧月），鹊鸟，六龙驾车。

神兽衔巨

伏羲捧日
（或嫦娥捧月）

六龙驾车

黄帝　　　　　　东王公　　　　　　伯牙弹琴　　　　　　西王母

四神博局纹铜镜

汉

直径 11.6 厘米　厚 0.4 厘米

广东大观博物馆藏

镜为圆形。半球形钮，柿蒂纹钮座。钮座外有一方形框。框外为主纹区。宽厚的镜缘上饰一周云气纹。

主纹区被 T、L、V 符号和四枚乳钉分为四方八区，饰有四神与神兽，隔 T 形符号两两相背，分别为（顺时针方向）：朱雀与神鸟；白虎与神兽（或为蟾蜍）；龟与蛇（龟、蛇合为玄武）；青龙与羽人。

神鸟　　　　　　　　　　　朱雀

神兽（或为蟾蜍）　　　　　白虎

蛇　　　　　　　　　　　　龟

羽人　　　　　　　　　　　青龙

玄武钮座四乳四神纹铜镜

汉

直径 14.2 厘米　厚 0.7 厘米

广东大观博物馆藏

镜为圆形。半球形钮，钮座饰以玄武，可见龟的头部、四爪、尾部和蛇头、蛇身。钮座外为主纹区。镜缘素面。

主纹区以四枚乳钉分为四区，每区饰四神与神兽，分别为（顺时针方向）：蟾蜍与龟（应为玄武）；白虎与神兽（或为熊）；朱雀与小鸟；青龙与羽人，呈羽人戏龙状。

蟾蜍　　　　　龟（应为玄武）

白虎　　　　神兽（或为熊）

朱雀　　　　　鸟

青龙　　　　羽人

"尚方佳竟"四神博局纹铜镜

汉

直径 13.8 厘米　厚 0.5 厘米

广东大观博物馆藏

镜为圆形。半球形钮，柿蒂纹钮座。钮座外为主纹区。

主纹区被 T、L、V 符号和八枚乳钉分为四方八区，饰有四神与神兽，隔 T 形符号两两相背，分别为（顺时针方向）：青龙擎日与凤凰，其间有一羽人，日中有金乌；朱雀与羽人骑鹿，其间有一小鸟；白虎擎月与独角神兽，其间有一只小鸟，月中有蟾蜍；玄武与羽人，羽人呈舞蹈状，身后有一只小鸟。

主纹区外有一圈铭文带，铭文顺时针旋读："尚方佳竟（镜）真大好，上有仙人不知老，渴饮玉泉饥食枣，浮游天下遨四海，寿敝金石如国保兮。"铭文带外有一周栉齿纹。宽厚的镜缘饰一周锯齿纹和云气纹。

凤凰　　　　　　　　青龙擎日

羽人骑鹿　　　　　　朱雀

独角神兽　　　　　　白虎擎月

羽人（呈舞蹈状）　　玄武

"陈萌作竟"龙虎纹铜镜

东汉
直径 11.6 厘米　厚 1.1 厘米
广东大观博物馆藏

镜为圆形。半球形钮，圆形钮座。主纹区有龙虎夹钮对峙，钮左为虎，龇牙咧嘴；钮右为龙，张口露齿，脑后有一长角，钮下也有一只张口露齿、长角的龙。

主纹区外有一周铭文带，铭文顺时针旋读："陈萌作竟（镜）四夷服，多贺国家人民息，胡虏殄灭天下复，风雨时节五谷熟，长保二亲。"镜缘上饰两周锯齿纹。

八乳神兽纹铜镜

东汉
直径 16 厘米　厚 0.4 厘米
广东大观博物馆藏

鹿

　　镜为圆形。半球形钮，钮座呈八芒星状，并饰有八枚小乳钉，其外环绕三只变形的凤鸟纹。凤鸟纹之外为主纹区。宽厚的镜缘上饰两周锯齿纹。

　　主纹区内环列八枚连弧纹座乳钉，乳钉间饰以神兽，分别为（顺时针方向）：鹿，虎，龙，神兽，神兽（兽面呈正视状），长角神兽（鼠首长尾），两只神鸟（凤凰或朱雀）。

虎

龙

神兽

神兽（兽面呈正视状）

长角神兽（鼠首长尾）

两只神鸟

"统德序道" 神兽博局纹铜镜

汉

直径 16.5 厘米　厚 0.6 厘米

广东大观博物馆藏

　　镜为圆形。半球形钮，柿蒂纹钮座。钮座外有一方形框，框内间饰十二枚乳钉和十二地支铭文。框外为主纹区。

　　主纹区被 T、L、V 符号和八枚乳钉分为四方八区，每区各饰一神兽，隔 T 形符号两两相背，分别为（顺时针方向）：鹿（身有斑点，似无角的梅花鹿）与麒麟（独角羊状）；羽人（呈舞蹈状）与熊；玄武与朱雀；白虎与青龙。此件铜镜主纹的特殊之处在于，四神既未与十二地支相对应，也非分别置于四方，而是在两个相邻纹饰区内。

　　主纹区外有一圈铭文带，铭文顺时针旋读："尚方作竟（镜）佳且好，明如日月光天下，左有青龙，右有白虎，统德序道，朱爵（雀）玄武，曾（增）年益寿，长宜孙子兮。"铭文带外有一周栉齿纹，镜缘饰一周锯齿纹和云气纹。

"左有青龙，右有白虎，统德序道，朱爵（雀）玄武"

麒麟（独角羊状）　　　鹿（身有斑点，似无角的梅花鹿）

熊　　　　　羽人（呈舞蹈状）

朱雀　　　　　　玄武

青龙　　　　　　白虎

"黍言之纪"神兽博局纹铜镜

汉

直径 14.1 厘米　厚 0.5 厘米

广东大观博物馆藏

镜为圆形。半球形钮，圆形钮座。钮座外有一方形框，框外为主纹区。

主纹区被 T 形符号和四枚乳钉分为四方八区，每区各饰一神兽，隔 T 形符号两两相向，分别为（顺时针方向）：辟邪与朱雀（或为凤凰）；青龙与羽人；神兽（羽人首长蛇身）与蟾蜍；白虎与神兽。此件铜镜的博局纹并不完整，仅留有 T 形符号。

主纹区外有一圈铭文带，铭文顺时针旋读："黍（七）言之纪造镜始，苍龙在左白在右，长保二亲利古（贾）市，传以后世乐毋已。"铭文带外有一周栉齿纹，镜缘饰一周锯齿纹和一周神兽纹间以云气纹。镜缘的神兽纹分别为（顺时针方向）：羽人戏鹿；麒麟（鹿状）；鱼。

羽人戏鹿

麒麟（鹿状）

鱼

朱雀　　　　辟邪

羽人　　　　青龙

蟾蜍　　　神兽（羽人首长蛇身）

神兽　　　　白虎

神兽博局纹铜镜

汉
直径 12.8 厘米　厚 0.5 厘米
广东大观博物馆藏

　　镜为圆形。半球形钮，柿蒂纹钮座。钮座外有一方形框。框外为
主纹区，镜缘饰双线锯齿纹。

　　主纹区被 T、L、V 符号和四枚乳钉分为四区，每区饰一个神兽
与一只小鸟，神兽分别为（顺时针方向）：天禄，白虎，朱雀，青龙。

天禄

白虎

朱雀

青龙

七乳神兽纹铜镜

东汉
直径 18.8 厘米　厚 0.6 厘米
广东大观博物馆藏

　　镜为圆形。半球形钮，圆形钮座。钮座外饰九枚小乳
钉，其外有主纹区，镜缘饰双线锯齿纹。

　　主纹区内环列七枚乳钉，乳钉间饰以神兽，分别为
（顺时针方向）：句芒，青龙，持芝的蓐收，玄武，独角
神兽（天禄或辟邪），白虎，朱雀。

句芒　　　　　　　持芝的蓐收

青龙

玄武

独角神兽（天禄或辟邪）

白虎

朱雀

"然于举士列侯王"八乳神兽纹铜镜

新莽
直径 18.8 厘米　厚 0.5 厘米
广东大观博物馆藏

文鳐与双鸟

　　镜为圆形。半球形钮，圆形钮座。钮座外饰九枚小乳钉，其外为一周变形云气纹和主纹区。

　　主纹区内环列八枚柿蒂纹座乳钉，乳钉间饰以神兽或神人，分别为（顺时针方向）：文鳐；龙；舞蹈的羽人；神兽，兽首似猫科动物且呈正视状；虎；神鸟（朱雀或凤凰）；神鸟（朱雀或凤凰）；羽人骑鹿，鹿前方似长有芝草。

　　主纹区外有一圈铭文带，铭文顺时针旋读："然于举士列侯王，将军令尹民日行，诸生万舍在北方，郊祀星宿并共星，子孙复有明堂堂，虏胡填（殄）灭见青黄。"铭文带外有一周栉齿纹。镜缘上饰一周锯齿纹和云气纹。

龙

舞蹈的羽人

神兽（兽首正视，似猫科动物）

虎

神鸟（朱雀或凤凰）

神鸟（朱雀或凤凰）

羽人骑鹿

四乳神兽纹铜镜

汉

直径 19 厘米　厚 0.6 厘米

广东大观博物馆藏

　　镜为圆形。半球形钮，柿蒂纹钮座。纹饰区内被四枚乳钉分为四区，每区内饰有四神与禽兽，分别为（顺时针方向）：白虎与长鬃毛的神兽；鹿与青龙；两只神鸟（朱雀与凤凰）；鹿与玄武。镜缘素面。

长鬃毛的神兽　　　　　白虎

青龙　　　　　鹿

两只神鸟（朱雀与凤凰）

玄武　　　　鹿

七乳神兽纹铜镜

东汉

直径 17.5 厘米　厚 0.5 厘米

广东大观博物馆藏

羊

　　镜为圆形。半球形钮，圆形钮座。钮座外饰九枚小乳钉，乳钉间有"宜子孙"铭文。其外有一周变形云气纹与主纹区，宽厚的镜缘上饰一周锯齿纹与云气纹。

　　主纹区内环列七枚连弧纹座乳钉，乳钉间饰以神兽，分别为（顺时针方向）：羊，羊首呈正视状，头顶有两角；玄武；神兽，兽首呈正视状；神鸟（朱雀或凤凰）；神兽，身形壮硕；独角神兽（天禄或辟邪）；羽人，呈躬身状，手捧芝草。

玄武

神兽（兽首正视）

神鸟（朱雀或凤凰）

神兽

独角神兽（天禄或辟邪）

持芝羽人

"张氏作竟"六乳神兽纹铜镜

东汉
直径 21.4 厘米　厚 1 厘米
广东大观博物馆藏

　　镜为圆形。半球形钮，圆形钮座。钮座外为主纹区。

　　主纹区内环列六枚柿蒂纹座乳钉，乳钉间饰以神兽或神人，分别为（顺时针方向）：马，虎，神鸟（朱雀或凤凰），鹿，龙，羽人。

　　主纹区外有一圈铭文带，铭文顺时针旋读："张氏作竟（镜）佳且好，子孙备具长相葆，明如日月照四海兮。"铭文带外有一周栉齿纹。

　　镜缘上饰一周锯齿纹和神兽纹，可辨识出的神兽大体有（顺时针方向）：九尾狐，凤鸟，龙，神鸟，神兽，神兽（兽首似牛）。

九尾狐　　　　　　　　　神兽（兽首似牛）

马

虎

神鸟（朱雀或凤凰）

鹿

龙

羽人

图版 39 | 展览文本 2.4.1 |

"上大山，见神人"

"上大山见神人"四神博局纹铜镜

汉

直径 16.8 厘米　厚 C.5 厘米

广东大观博物馆藏

　　镜为圆形。半球形钮，圆形钮座。钮座外有一方形框，框内间饰十二枚乳钉和十二地支铭文。框外有一圈铭文带，铭文顺时针旋读："上大山，见神人，食玉英，饮澧泉，驾交龙，乘浮云，君宜官秩保子孙。"

　　铭文带将主纹区分为内外两区，内区有四个 T 形符号与八枚乳钉，外区被四个 L 形符号和四个 V 形符号分为四方八区，饰有四神与神兽，隔 L 形符号两两相背，分别为（顺时针方向）：玄武与羽人；青龙与神兽；朱雀与句芒，句芒为羽人首鸟身；白虎与独角神兽，神角前向。

　　值得关注的是，此镜的四神与十二地支铭文的位置关系，并未按照五行对应。

羽人　　　　　　　　　　玄武

神兽　　　　　　　　　　青龙

句芒　　　　　　　　　　朱雀

独角神兽（独角朝前）　　　　　白虎

羽人四神博局纹铜镜

东汉
直径 18.8 厘米　厚 0.6 厘米
广东大观博物馆藏

　　镜为圆形。半球形钮，柿蒂纹钮座。钮座外有一方形框，框内间饰十二枚乳钉和十二地支铭文。框外为主纹区。镜缘饰一周锯齿纹和云气纹。

　　主纹区被 T、L、V 符号和八枚连弧纹座乳钉分为四方八区，饰有四神与神兽，隔 T 形符号两两相背，分别为（顺时针方向）：玄武与持芝的羽人；青龙与蓐收，蓐收为羽人首兽身；朱雀与神兽，神兽似蟾蜍；白虎与神兽，神兽身形较为壮硕。

持芝的羽人　　　　　　　　　　玄武

蓐收　　　　　　　　　　　青龙

神兽　　　　　　　　　　　朱雀

神兽　　　　　　　　　　　白虎

四乳羽人神兽纹铜镜

汉
直径 19 厘米　厚 0.5 厘米
广东大观博物馆藏

　　镜为圆形。半球形钮，柿蒂纹钮座。钮座外为纹饰区，镜缘
上饰双线锯齿纹。

　　纹饰区内被四枚乳钉分为四区，每区内饰有四神与禽兽，分
别为（顺时针方向）：羽人与朱雀，羽人面向朱雀持芝，呈羽人
饲朱雀状；羽人与青龙，羽人面向青龙躬身持芝，呈羽人饲龙
状；玄武与神兽；麒麟与白虎。

羽人

朱雀　　　　　　羽人

青龙　　　　　　羽人

神兽　　　　　　玄武

白虎　　　　　　麒麟

196

"伯氏佳竟"仙人骑鹿博局纹铜镜

汉
直径 21.1 厘米　厚 0.5 厘米
广东大观博物馆藏

　　镜为圆形。半球形钮，柿蒂纹钮座。钮座外有一方形框，框内间饰十二枚乳钉和十二地支铭文。框外为主纹区。

　　主纹区被 T、L、V 符号和八枚乳钉分为四方八区，饰有四神与神兽，隔 T 形符号两两相背，分别为（顺时针方向）：朱雀与羽人骑鹿，其间有一只小鸟；白虎与独角神兽，其间有一只小鸟；玄武与羽人，羽人呈舞蹈状，身后有一只小鸟；青龙与凤凰，其间有一只小鸟。

　　主纹区外有一圈铭文带，铭文顺时针旋读："伯氏佳竟（镜）真大好，上有仙人不知老，渴饮玉泉饥食枣，浮游天下敖（遨）四海，左龙右虎辟□道，徘徊名山采芝草，寿如金石之天保。"铭文带外有一周栉齿纹。宽厚的镜缘饰一周锯齿纹和云气纹。

"徘徊名山采芝草"

羽人骑鹿　　　　　　　朱雀

独角神兽　　　　　　　白虎

羽人　　　　　　　　　玄武

凤凰　　　　　　　　　青龙

"徘徊名山采草芝"四神博局纹铜镜

汉

直径 14 厘米　厚 0.4 厘米

广东大观博物馆藏

镜为圆形。半球形钮，柿蒂纹钮座。钮座外有一方形框，框外为主纹区。

主纹区被 T、L、V 符号和八枚乳钉分为四方八区，饰有四神与神兽，隔 T 形符号两两相背，分别为（顺时针方向）：青龙擎日与凤凰，其间有一羽人，日中有金乌；朱雀与羽人骑鹿，其间有一只小鸟；白虎擎月与独角神兽，其间有一只小鸟，月中有蟾蜍；玄武与羽人，羽人呈舞蹈状，身后有一只小鸟。

主纹区外有一圈铭文带，铭文顺时针旋读："王氏作竟（镜）真大好，上有仙人不知老，渴饮玉泉饥食枣，浮游天下敖（遨）四海，徘回（徊）名山采草芝，大利兮。"铭文带外有一周栉齿纹。宽厚的镜缘饰一周锯齿纹和云气纹。

"徘回（徊）名山采草芝"

凤凰　　　　　　　　　青龙擎日

羽人骑鹿　　　　　　　朱雀

独角神兽　　　　　　　白虎擎月

羽人（呈舞蹈状）　　　玄武

"炼冶铅华" 四乳芝草神兽纹铜镜

汉

直径 18.8 厘米　厚 0.7 厘米

广东大观博物馆藏

芝草

　　镜为圆形。半球形钮，柿蒂纹钮座，柿蒂纹间有"长宜子孙"铭文。钮座外有一圈铭文带，铭文顺时针旋读："涑（炼）治（冶）铅（铜）华清而明，以为镜宜文章，延年益寿，辟去不羊（祥），与天无极，长乐未央。"

　　纹饰区内被四枚乳钉分为四区，每区内饰有神人神兽，分别为（顺时针方向）：两只神鸟，神鸟中间有一株芝草；麒麟（独角羊状），神兽（兽首正视），神兽（或为虎）；三只形态各异的神鸟，还有一只九尾狐；两只独角神兽（左者或为龙，右者或为辟邪），两兽之间有一羽人，呈羽人戏龙状。镜缘素面。

两只神鸟与芝草

神兽（或为虎）　　神兽　　麒麟（独角羊状）

三只神鸟与九尾狐

羽人戏龙　　独角神兽（或为辟邪）

七乳羽人持芝纹铜镜

东汉

直径 21 厘米　厚 0.5 厘米

广东大观博物馆藏

神兽　　　　　　　芝草

　　镜为圆形。半球形钮，圆形钮座。钮座外饰十二枚小乳钉，乳钉外有一周变形云气纹。主纹区外的镜缘饰一周锯齿纹与云气纹。

　　主纹区内环列七枚乳钉，乳钉间饰以神人与神兽，分别为（顺时针方向）：神兽与一株芝草；玄武；蓐收（羽人首兽身）；青龙；羽人躬身持芝；朱雀；白虎，虎首呈正视状。

玄武

蓐收

青龙

羽人持芝

朱雀

白虎

七乳羽人持芝纹铜镜

东汉
直径 19 厘米　厚 0.6 厘米
广东大观博物馆藏

羽人持芝

　　镜为圆形。半球形钮，圆形钮座。钮座外饰九枚小乳钉，小乳钉与镜钮构成一个九芒星。主纹区外的镜缘饰一周锯齿纹与云气纹。

　　主纹区内环列七枚连弧纹座乳钉，乳钉间饰以神人与神兽，分别为（顺时针方向）：羽人持芝，呈跪坐状；龙；神鸟（朱雀或凤凰）；独角神兽；麒麟（独角羊状）；虎；脖颈上长有鬃毛的神兽。

龙

神鸟（朱雀或凤凰）

独角神兽

麒麟（独角羊状）

虎

神兽（脖颈有鬃毛）

羽人持芝博局纹铜镜

汉

直径 16 厘米　厚 0.5 厘米

广东大观博物馆藏

持"三株果"的羽人

　　镜为圆形。半球形钮，柿蒂纹钮座。钮座外有一方形框，方形框外有 28 个饰以几何纹饰的小方格。其外为主纹区，镜缘素面。

　　主纹区被 T、L、V 符号分为四方八区，饰有神人神兽，隔 T 形符号两两相背，分别为（顺时针方向）：神兽与持芝的羽人，芝草可能为"三株果"；龙与头戴三山冠的神兽；虎与鹿；两只神兽。

持"三株果"的羽人　　　　　　　　　　神兽

神兽（头戴三山冠）　　　　　　　　　　龙

鹿　　　　　　　　　　　虎

两只神兽

208

"新有善铜" 羽人捣药博局纹铜镜

新莽
直径 23 厘米　厚 0.5 厘米
广东大观博物馆提供

似在捣药的羽人

　　镜为圆形。半球形钮，圆形钮座。钮座外有一方形框，框内间饰十二枚乳钉和十二地支铭文。框外为主纹区。

　　主纹区被 T、L、V 符号和八枚乳钉分为四方八区，纹饰极为丰富，分别为（顺时针方向）：青龙擎日与句芒，日中有金乌，T、L 符号之间绘有两个羽人持棍，似在捣药，主纹间填充以神鸟、鱼等纹饰；朱雀与羽人骑鹿，T、L 符号之间绘有一熊，填充有神鸟、鱼等；白虎擎月与独角神兽，月中有蟾蜍，T、L 符号之间有一只蟾蜍和一个跪坐吹笛的羽人，主纹间填以神鸟、鱼等；玄武与双手分别持芝的羽人，T、L 符号之间绘有一鹿（或为麒麟），主纹间填充神鸟、鱼等纹饰。

　　主纹区外有一圈铭文带，铭文顺时针旋读："新有善同（铜）出丹阳，涷（炼）治（冶）铜锡清而明，尚方御竟（镜）大毋伤，巧工刻之成文章，左龙右虎辟不羊（祥），朱鸟玄武顺阴阳，子孙备具居中央，长保二亲宜矦（侯）王。"铭文带外有一周栉齿纹，镜缘饰一周锯齿纹和云气纹。

句芒　　　　　羽人捣药　　　　青龙擎日　　　　　羽人骑鹿　　　　熊　　　　朱雀

独角神兽　吹笛羽人　蟾蜍　　　　白虎擎月　　　　羽人持芝　　　鹿（或为麒麟）　　　玄武

211

四乳羽人饲凤纹铜镜

汉
直径 15.7 厘米　厚 0.6 厘米
广东大观博物馆藏

　　镜为圆形。半球形钮，圆形钮座，钮座外饰二十芒星纹。纹饰区内被四枚柿蒂纹座乳钉分为四区，饰以四神与神人神兽，分别为（顺时针方向）：羽人与凤凰（或为朱雀），羽人双手捧丹至鸟喙处，呈羽人饲凤状；青龙；奔兔与玄武；白虎。镜缘素面。

羽人捧丹饲凤

羽人捧丹　　　凤凰（或为朱雀）

青龙

奔兔　　　玄武

白虎

羽人饲龙博局纹铜镜

汉
直径 13.1 厘米 厚 0.5 厘米
广东大观博物馆藏

　　镜为圆形。半球形钮，柿蒂纹钮座。钮座外有一方形框，框外为主纹区。镜缘饰一周双线锯齿纹。

　　主纹区被 T、L、V 符号和四枚乳钉分为四方八区，饰有神人神兽，隔 T 形符号两两相背，分别为（顺时针方向）：羽人与青龙，羽人手中捧有仙丹，递送至龙嘴前，呈羽人饲龙状；两只神兽，右侧兽首似牛首，左侧兽首上双耳耸立；两只神兽，右侧应为鹿，左侧兽首有双角，或为天禄；虎与熊。

龙　　　　　　　羽人捧丹

两只神兽

双角神兽（或为天禄）　　　　鹿

熊　　　　　　　虎

小鸟　　　　舞蹈羽人　　　"朱师"铭文

"朱师" 五乳羽人舞蹈纹铜镜

东汉
直径 14.1 厘米　厚 1 厘米
广东大观博物馆藏

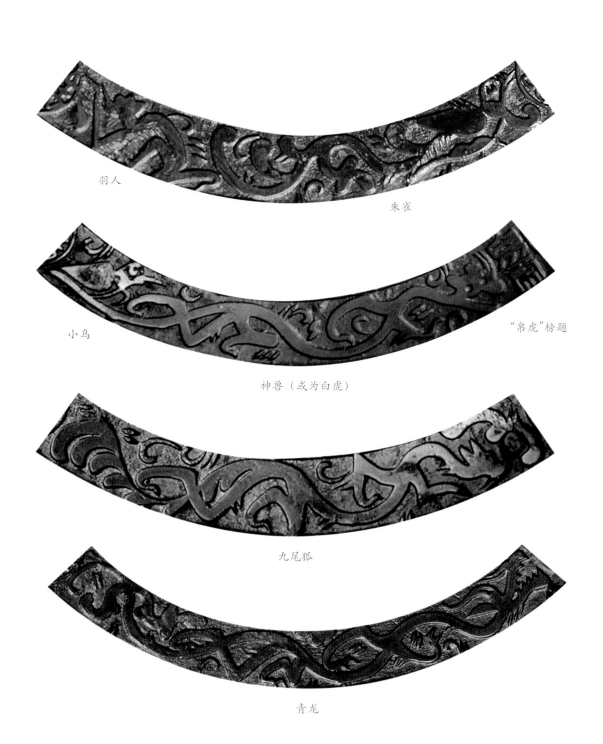

羽人

朱雀

小鸟

"帛虎"榜题

神兽（或为白虎）

九尾狐

青龙

镜为圆形。半球形钮，圆形钮座。纹饰区内被五枚柿蒂纹座乳钉分为五区，饰以神人神兽，分别为（顺时针方向）：羽人与小鸟，羽人呈舞蹈状，羽人旁有"朱师"铭文；白虎；玄武；青龙；朱雀。

镜缘上饰一周神兽纹饰，分别为（顺时针方向）："五铢"钱纹；神鸟（或为朱雀）；羽人；"五铢"钱纹；"帛虎"榜题；神兽；小鸟；"五铢"钱纹；九尾狐；"五铢"钱纹；龙。

"王氏昭竟" 羽人舞蹈博局纹铜镜

新莽
直径 19 厘米 厚 0.5 厘米
广东大观博物馆藏

　　镜为圆形。半球形钮，柿蒂纹钮座。钮座外有一方形框，框内间饰十二枚乳钉和十二地支铭文。框外为主纹区。

　　主纹区被 T、L、V 符号和八枚乳钉分为四方八区，饰有四神与神人神兽，隔 T 形符号两两相背，分别为（顺时针方向）：玄武与持芝羽人，羽人呈舞蹈状，其间填有一小鸟；青龙与凤凰，两者间有一跪坐的羽人，手中持有芝草；朱雀与鹿（无角），两者间有一神鸟，鸟喙张开，喙中有一珠，似在含丹；白虎与独角神兽，神兽为辟邪或天禄，两兽之间有一小鸟。

　　主纹区外有一圈铭文带，铭文顺时针旋读："王氏昭竟（镜）四夷服，多贺新家人民息，风雨时节五谷熟，长保二亲子孙力，传告后世乐毋极。"镜缘饰一周锯齿纹和云气纹。

持芝羽人（呈舞蹈状）　　　　　　玄武

凤凰　　羽人持芝　　　　　青龙

鹿　　含丹的神鸟　　　朱雀

神兽（天禄或辟邪）　　　　　白虎

西王母神兽博局纹铜镜

汉
直径 17 厘米　厚 0.4 厘米
广东大观博物馆藏

　　镜为圆形。半球形钮，圆形钮座。钮座外有一方形框，框内间饰十二枚乳钉
和十二地支铭文。框外为主纹区。镜缘饰一周锯齿纹和云气纹。

　　主纹区被 T、L、V 符号和八枚乳钉分为四方八区，饰有四神与神人神
兽，隔 T 形符号两两相背，分别为（顺时针方向）：白虎与戴胜的西王母；玄
武与独角神兽（或为鹿）；青龙与神兽，神兽无角，兽首呈正视状；朱雀与神
兽，兽首耸立长耳。

　　值得关注的是，此镜的四神与十二地支铭文的位置关系，并未按照五行对应。

西王母　　　　　　　　　　白虎　　　　　　独角神兽（或为鹿）　　　　　　　玄武

神兽（兽首呈正视状）　　　　　青龙　　　　　　长耳神兽　　　　　　　　朱雀

"汉有善铜" 西王母神兽博局纹铜镜

汉

直径 18.8 厘米　厚 0.5 厘米

广东大观博物馆藏

镜为圆形。半球形钮，柿蒂纹钮座。钮座外有一方形框，框内间饰十二枚乳钉和十二地支铭文。框外为主纹区。镜缘饰一周锯齿纹和云气纹。

主纹区被 T、L、V 符号和八枚乳钉分为四方八区，饰有神人与神兽，隔 T 形符号两两相背，分别为（顺时针方向）：戴胜的西王母与独角神兽（或为辟邪天禄）；句芒与白虎；羽人与朱雀；凤凰与青龙。值得关注的是，此镜的四神与十二地支铭文的位置关系，并未按照五行对应。

主纹区外有一圈铭文带，铭文顺时针旋读："汉有善铜出丹阳，和已（以）银锡清且明，左龙右虎主四彭，八子九。"镜缘饰一周锯齿纹和云气纹。

独角神兽（天禄或辟邪）　　　　西王母　　　　　　白虎　　　　　　句芒

朱雀　　　　　　羽人　　　　　　青龙　　　　　　凤凰

"统德序道"西王母东王公纹铜镜

东汉

直径 20 厘米　厚 1 厘米

广东大观博物馆藏

镜为圆形。半球形钮，连珠纹钮座。主纹区被四枚乳钉和两组 U 形符号分为三层六区。上层，饰一神兽；中层，钮两侧各有一主神端坐于华盖之下，其中左侧为头戴三山冠的东王公，华盖上有一神鸟（或为凤凰），钮右侧为西王母，华盖上有一羽人；下层，中间有一神兽，左侧有一羽人，右侧有两只神鸟。

主纹区外有一圈铭文带，顺时针旋读："吾作明竟（镜），幽涷三商，配像万疆，统德序道，敬奉贤，天下宗□，服者公卿，曾（增）年益寿，富贵番昌，其师命长兮。"镜缘饰一周锯齿纹和一周双线锯齿纹。

"天王日月"神人神兽纹铜镜

东汉
直径 17.8 厘米　厚 0.7 厘米
广东大观博物馆藏

镜为圆形。半球形钮，连珠纹钮座。主纹以四只神兽分为四组，这些神兽的部分骨节以环状乳装饰，口中衔巨。四组纹饰分别为（顺时针方向）：西王母；弹琴的伯牙与聆听的子期；东王公；黄帝与侍者。

纹饰区外间饰十二个半圆与十二个方枚，半圆中饰云纹，每个方枚中有"天王日月"四字铭文。镜缘饰两圈纹饰，外圈纹饰为云纹，内圈纹饰装饰神人神兽。

镜缘的内圈纹饰可分为两组（顺时针方向），一组大体为：伏羲捧日（或嫦娥捧月），三组羽人骑神兽，两只神鸟，羽人。另一组大体为：伏羲捧日（或嫦娥捧月）；六龙驾车，车有三厢，前厢坐着躬身的两个羽人，中厢有一端坐的神人，后厢坐着一个躬身的羽人，车后还有一个羽人。

西王母　　　　　伯牙与子期　　　　　东王公　　　　　黄帝与侍者

226

重列式神人神兽纹铜镜

东汉

直径 12.8 厘米　厚 0.4 厘米

广东大观博物馆藏

镜为圆形。半球形钮，圆形钮座。纹饰区分为上下五段，分别为：

第一段中间有一位端坐的神人，神人两侧各有一神鸟；镜的左侧还有一神鸟，或为朱雀。

第二段中间有两位端坐的神人，神人身后各有一侧坐的侍者。

第三段以钮为中心，钮两侧各有一位端坐于华盖之下的神人；镜左侧有一白虎，右侧有一青龙。

第四段中间有一神人，神人两侧各有一骑神兽的神人和一张着血盆大口的神兽，左侧的神兽似熊。

第五段中间端坐一位神人，其左侧有一玄武，右侧有一神鸟。

镜缘饰一圈铭文，因字迹模糊、减笔较多，铭文暂难辨识。

西王母神兽博局纹铜镜

汉

直径 14 厘米　厚 0.6 厘米

广东大观博物馆提供

　　镜为圆形。半球形钮，柿蒂纹钮座。钮座外
有一方形框。框外为主纹区，镜缘素面。

　　主纹区被 T、L、V 符号分为四方八区，饰
有神人与神兽，分别为（顺时针方向）：戴胜的
西王母与朱雀；羽人与青龙；玄武（为单体的
龟）与捣药的玉兔；熊与羽人。

西王母　　　　　　　　　朱雀

羽人　　　　　　　　　青龙

龟（单体玄武）　　　　　捣药玉兔

熊　　　　　　　　　　羽人

"杜氏"五乳西王母神兽纹铜镜

汉

直径 14.8 厘米　厚 1 厘米

广东大观博物馆藏

"上西王母与王（玉）女"

　　镜为圆形。半球形钮，圆形钮座。钮座外为主纹区。

　　主纹区内环列五枚柿蒂纹座乳钉，乳钉间饰以神兽或神人，分别为（顺时针方向）：神人，博局盘，樽；马；西王母与侍女，左侧有榜题铭文"西王母"；两只正在捣药的玉兔；神兽。

　　主纹区外有一圈铭文带，铭文逆时针旋读："杜氏作珍奇镜兮，世之未有兮，涷五解之英华，毕而无极兮，上西王母与王（玉）女，宜孙保子兮，得而诊，吏人服之曽（增）官秩，白衣服之金财足，与天无极。"铭文带外有一周栉齿纹。

　　镜缘上饰一周锯齿纹和神兽纹，可辨识出的神兽大体有（顺时针方向）：神鸟，两位似在投壶的羽人，九尾狐，大象，两只神鸟，鱼，神鸟（或为朱雀），羽人，奔马。

羽人投壶

九尾狐

象

神人　博局盘　樽

马

鱼

"西王母"榜题　西王母　侍女

捣药玉兔

神兽

"长宜子孙"四乳神兽纹铜镜

汉
直径 16.5 厘米　厚 0.6 厘米
广东大观博物馆藏

　　镜为圆形。半球形钮，柿蒂纹钮座，钮座中有"长宜子孙"四字铭文。钮座外为主纹区，镜缘素面。

　　主纹区内环列四枚柿蒂纹座乳钉，乳钉间饰以神兽或神人，分别为（顺时针方向）：九尾狐与三足乌；白虎与熊；两只神鸟；青龙与羽人，羽人捧一芝草，呈羽人饲龙状。

九尾狐　　　三足乌

白虎　　　　熊

两只神鸟

青龙　　　羽人

"长宜子孙"神兽博局纹铜镜

汉

直径 13.7 厘米　厚 0.3 厘米

广东大观博物馆藏

　　镜为圆形。半球形钮，柿蒂纹钮座，柿蒂间有铭文，顺时针旋读为
"长宜子孙"。钮座外有一方形框。框外为主纹区，镜缘饰双线锯齿纹。

　　主纹区被 T、L、V 符号分为四方八区，饰有神人与神兽，分别为
（顺时针方向）：三足乌与九尾狐；羽人与青龙；小鸟与朱雀；麒麟
（呈独角羊状）与白虎（虎首呈正视状）。

九尾狐　　　　　　　三足乌

青龙　　　　　　　　羽人

朱雀　　　　　　　　小鸟

白虎（虎首正视）　　麒麟（独角羊状）

神兽博局纹铜镜

汉

直径 13.1 厘米　厚 0.5 厘米

广东大观博物馆藏

　　镜为圆形。半球形钮，柿蒂纹钮座。钮座外有一方形框。框外为主纹区，镜缘饰双线锯齿纹。

　　主纹区被 T、L、V 符号和四枚乳钉分为四方八区，饰有神人与神兽，分别为（顺时针方向）：两只蟾蜍；青龙与羽人，呈羽人戏龙状；两只神鸟（或为朱雀与凤凰）；白虎与鹿（或为羊）。

两只蟾蜍

羽人　　　　青龙

两只神鸟（或为朱雀与凤凰）

鹿（或为羊）　　　　白虎

七乳神人舞乐纹铜镜

东汉

直径 19 厘米　厚 0.6 厘米

广东大观博物馆藏

羽人奏琴（或鼓瑟）　　羽人击铙

　　镜为圆形。半球形钮，圆形钮座。钮座外环列九枚小乳钉，其间有"宜高官"铭文。钮座外有两周栉齿纹与一周云气纹，其外为主纹区，镜缘饰一周锯齿纹与云气纹。

　　主纹区环列连七枚连弧纹座乳钉，乳钉间饰以神兽或神人，分别为（顺时针方向）：两个羽人，一人在击铙，一人在弹奏琴或瑟；吹竖笛的羽人与擎日的青龙，日中有金乌；羽人与朱雀；舞蹈的羽人与骑鹿的羽人；小鸟、麒麟（呈独角羊状）与擎月的白虎，月中有蟾蜍；跳丸的蟾蜍与独角神兽；玄武与蟾蜍、小鸟。

羽人吹竖笛　　　青龙擎日

朱雀　　　　羽人

羽人骑鹿　　　羽人舞蹈

麒麟　　　白虎擎月　　小鸟

独角神兽　　　蟾蜍跳丸

蟾蜍　　　　玄武

"角王巨虚" 七乳神人舞乐纹铜镜

东汉
直径 21.3 厘米　厚 0.6 厘米
广东大观博物馆藏

羽人舞蹈

　　镜为圆形。半球形钮，圆形钮座。钮座外环列九枚小乳钉，其间有"宜子孙"铭文。钮座外有两周栉齿纹与一周云气纹，其外为主纹区。

　　主纹区环列连七枚连弧纹座乳钉，乳钉间饰以神兽或神人，分别为（顺时针方向）：两个正在舞蹈的羽人；吹奏排箫的青龙；神兽；玄武；弹奏琴瑟的神兽；朱雀；击铙的熊。

　　主纹区外有一圈铭文带，铭文顺时针旋读："角王巨虚日得熹，昭（照）此明镜诚快意，上有龙虎三（四）时置，长保二亲乐毋事，子孙顺息家富盛，予天无极受大福。"镜缘饰一周锯齿纹与云气纹。

青龙吹排箫

神兽

玄武

神兽奏琴（或鼓瑟）

朱雀

熊击铙

241

"大乐未央"蟠龙纹铜镜

西汉

直径 14 厘米　厚 0.7 厘米

广东大观博物馆藏

　　镜为圆形。伏兽钮，圆形钮座。钮座外有一圈铭文带，铭文顺时针旋读为："大乐未央，长相思，慎毋相忘。"铭文以鱼形符结尾。主纹区有四组三叠式花瓣纹，将纹饰分为四区，每区饰一组蟠龙纹。卷缘素面。

"佳人何伤"单圈铭文铜镜

西汉
直径 10.9 厘米　厚 0.3 厘米
广东大观博物馆藏

　　镜为圆形。半球形钮，十二连珠纹钮座。钮座外有星云
装饰，其外有一圈铭文带。镜缘为素面宽缘。

　　铭文顺时针旋读："清冶铜华以长明，质以清光明，长
乐未央，佳人何伤，毋相忘。"

"日有喜"单圈铭文铜镜

西汉
直径 17.8 厘米　厚 0.6 厘米
广东大观博物馆藏

　　镜为圆形。半球形钮，十二连珠纹钮座。钮座外饰八个内向连弧纹，连弧之间有花卉装饰，其外有一圈铭文带。镜缘为素面宽缘。

　　铭文顺时针旋读："日有喜，月有富，乐毋事，常得意，美人会，竽瑟侍，贾市程，万物正，老復（复）丁，死復（复）生，醉不知醒。"

"清白""昭明"重圈铭文铜镜

西汉

直径 17.1 厘米　厚 0.6 厘米

广东大观博物馆藏

镜为圆形。半球形钮，十二连珠纹钮座。钮座外有两圈铭文带。镜缘为素面宽缘。

内圈铭文顺时针旋读："内清质以昭明，光辉象夫日月，心忽穆而愿，然雍塞而不泄。"外圈铭文顺时针旋读："絜（洁）清白而事君，怨汙（污）獾（获）之弇明，彼玄锡之流泽，恐远而日忘。怀糜美之穷暟，外承驩之可说（悦），慕窔佻之灵景（影），愿永思而毋绝。"

"新兴辟雍" 四神博局纹铜镜

新莽

直径 18.8 厘米　厚 0.5 厘米

广东大观博物馆藏

　　镜为圆形。半球形钮，圆形钮座，钮座外有"长宜子孙"铭文。钮座外有一方形框，框内间饰十二枚乳钉和十二地支铭文。框外有一圈铭文带，铭文顺时针旋读："新兴辟雍建明堂，龙右虎辟不兮祥，诸生万舍在北方，□□真□□，八子九孙。"

　　铭文带内为八枚乳钉与 T 形符号，铭文带外为由 L、V 符号隔成的纹饰区。分别为（顺时针方向）：玄武与神兽；青龙与羽人；两只神鸟（朱雀或凤凰）；白虎与神兽。镜缘饰一周锯齿纹与云气纹。

神兽　　　　　　　　　　玄武　　　　　　　羽人　　　　　　　　　　青龙

凤凰　　　　　　　　　　朱雀　　　　　　　神兽　　　　　　　　　　白虎

"逢得时年"四神博局纹铜镜

新莽
直径 16.8 厘米　厚 0.5 厘米
广东大观博物馆藏

　　镜为圆形。半球形钮，圆形钮座。钮座外有一方形框，框内间饰十二枚乳钉和十二地支铭文。框外为主纹区。

　　主纹区被 T、L、V 符号和八枚乳钉分为四方八区，饰有四神与神兽，隔 T 形符号两两相背，分别为（顺时针方向）：玄武与羽人；青龙与句芒，其中青龙与右侧的羽人呈羽人戏龙状；朱雀与神兽；白虎与麒麟（或为鹿）。

　　主纹区外有一圈铭文带，铭文顺时针旋读："新琱（雕）治（冶）镜子孙息，多贺君家受大福，位至公卿脩禄食，逢（幸）得时年获嘉德，传之后世乐无极。"铭文带外有一周栉齿纹，镜缘饰一周锯齿纹和云气纹。

羽人　　　　　　　　　　玄武

句芒　　　　　　　　　　青龙

神兽　　　　　　　　　　朱雀

麒麟（或为鹿）　　　　　　白虎

"四夷降服中国宁"七乳神兽纹铜镜

东汉
直径 18.8 厘米　厚 0.7 厘米
广东大观博物馆藏

"四夷降服中国宁"

　　镜为圆形。半球形钮，圆形钮座。钮座外环列九枚小乳钉。钮座外有一周云气纹，其外为一圈铭文带，铭文顺时针旋读："尚方御竟（镜）知人情，道同巧异各有刑（形），维古今世天下平，四夷降服中国宁，人民安乐五谷成。"

　　铭文带外为主纹区，环列连七枚柿蒂纹座乳钉，乳钉间饰以神兽或神人，分别为（顺时针方向）：独角神兽（或为天禄、辟邪）；朱雀；羽人骑鹿；白虎擎月，月中有蟾蜍；独角神兽（或为天禄、辟邪）；玄武；青龙擎日，日中有金乌。主纹区外的镜缘饰一周锯齿纹与云气纹。

独角神兽（或为天禄、辟邪）

朱雀

羽人骑鹿

白虎擎月

独角神兽（或为天禄、辟邪）

玄武

青龙擎日

"位至三公"变形四叶纹铜镜

东汉
直径 10.8 厘米　厚 0.3 厘米
广东大观博物馆提供

　　镜为圆形。半球形钮，圆形钮座。钮座外有变形四
叶纹，四叶内有"位至三公"铭文。四叶之间装饰对凤
纹。镜缘装饰内向十六连弧纹。

"作佳竟" 神兽博局纹铜镜

汉

直径 16.8 厘米　厚 0.5 厘米

广东大观博物馆藏

　　镜为圆形。半球形钮，柿蒂纹钮座，钮座有铭文"长乐未央"。钮座外有一方形框，框内间饰十二枚乳钉和十二地支铭文。框外为主纹区。

　　主纹区被 T、L、V 符号和八枚乳钉分为四方八区，饰有四神与神兽，隔 T 形符号两两相背，分别为（顺时针方向）：玄武与羽人；朱雀、凤凰与一羽人，羽人朝向凤凰，手中似捧有仙丹，呈羽人饲凤状；白虎与神兽，神兽无角；青龙与神兽，神兽似羽人首，或为蓐收。

　　铭文带与 L、V 符号相叠压，铭文顺时针旋读："作佳竟（镜）哉真大好，上有仙人不知老，渴饮玉泉饥食枣。"镜缘饰一周锯齿纹与云气纹。

　　值得关注的是，此镜的四神与十二地支铭文的位置关系，并未按照五行对应。

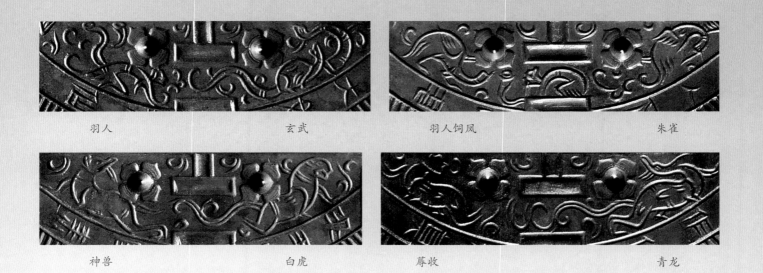

| 羽人 | 玄武 | 羽人饲凤 | 朱雀 |

| 神兽 | 白虎 | 蓐收 | 青龙 |

图版 74 ┃ 展览文本 3.1 ┃

"铜华"单圈铭文铜镜

西汉

直径 18 厘米　厚 0.6 厘米

广东大观博物馆提供

镜为圆形。半球形钮，十二连珠纹钮座。钮座外有一圈铭文带。铭文带外饰一周云雷纹。镜缘为素面宽缘。

铭文顺时针旋读："清浼铜华以为镜，昭察衣服观容貌，丝组杂逯以为信，清光乎宜佳人。"

图版撰文：蔡　明

文物摄影：丁泽钜

后记

　　"观·映——汉代铜镜的图像与铭文"展览，是深圳博物馆自2012年"镜涵春秋——青峰泉、三镜堂藏中国古代铜镜展"和2012年"铜镜的故事——武汉博物馆馆藏铜镜精品展"以来举办的第三个铜镜专题展，也是自1992年"重庆汉代陶俑精品展"、2016年"巴蜀汉风——川渝地区汉代文物精品展"和2019年"大汉海昏侯——刘贺与他的时代"展览之后举办的第四个汉代专题展。

　　本次展览的选题聚焦于汉代铜镜，主要基于以下四个方面的考量：其一，尝试突破以往关注铜镜发展史的"大而全"展陈模式，揭示特定历史阶段铜镜的时代特征。其二，较之于战国铜镜，汉镜纹饰有着相对丰富的同时代文献资料和其他实物图像等信息可予以比对研究；较之于唐宋及之后的铜镜，汉镜的纹饰题材更为丰富。其三，作为本次展览的共同举办单位，广东大观博物馆是广东地区铜镜收藏较为丰富和精美的非国有博物馆之一，两汉铜镜是其铜镜藏品体系中数量最多、类型较为全面的镜类。其四，经过多次汉代相关展览的策划实践，承担此次展览任务的策展团队成员有着相对丰富的学术积累。

　　"观·映——汉代铜镜的图像与铭文"展览的策划过程，汲取了不同学科的研究成果和技术手段。正是基于前辈学者的研究成果与团队成员以往策划铜镜专题展览和汉代专题展览的学术积累，才能提炼出解读汉代铜镜的新角度；正是有了以往对观众观展行为的研究，才去思考如何解决"碎片化叙事"的困境，提出"划重点式展陈"的设计方案；正是得益于信息技术的飞速发展，才有了本次展览利用知识图谱丰富线上展示方式的一次尝试。

　　在展览的基础上，策展团队继续吸收最新学术研究成果，编辑出版本次展览的图录——《观·映——汉代铜镜图像与铭文的研究及展览策划》。本图录改变了以往注重文物本体信息的传统模式，创新了展览图录的编排体例，在突出汉镜相关研究成果的同时，重视展览及其策划过程的再现，让研究者和爱好者可以重新审视业已结束的展览，发现更多被彼时观众忽视或遗忘的细节，给予深度学习和知识拓展的可能，为读者理解展览策划的复杂性提供有力的帮助。

其中，本图录最具价值的部分是"展览文本"。"展览文本"中的正文内容，体现了完整的展览叙事，通过上下文可以反映展品及展品组合之间、展品与叙事之间的逻辑关联，具有传统图录一件展品配一个解读说明的编排体例无法比拟的优势，避免了以往图录中展览叙事的割裂与不完整。"展览文本"中的注释内容，则标注了正文中相关观点和图片的引用来源，阐释了部分观点的论证过程，并对相关观点进行延伸解读，以期引发新的思考。本篇展览文本的注释内容之丰富，最直观的表现就是字数。据不完全统计，注释字数达 3 万余字，超过正文的 2 万余字。注释扩张了展览内容的知识广度与深度，使得本篇展览文本更接近于一部反映历史、文化、艺术、工艺的文献。策展团队希冀研究者可以由此回溯查找相关资料、发现新的研究角度，爱好者可以了解相关观点的延伸知识，进一步拓宽知识面。

本图录最具创新的部分，是二维码的利用。在数字技术蓬勃发展的今天，展览图录也能不再局限于纸面上的文字内容，而是通过融入音频、视频以及交互式体验等多元化内容，为读者提供更加丰富、深入及个性化的阅读体验。在本图录的编写过程中，利用相关技术将已经发布在网络平台的虚拟展厅、知识图谱、学术讲座、宣传推文与视频等内容制作成二维码，附于图录中相关文章的结尾处，便于读者能够快捷地查阅更加丰富的展览信息与展品知识。

"观·映——汉代铜镜的图像与铭文"展览的成功举办，《观·映——汉代铜镜图像与铭文的研究及展览策划》的成功付梓，是策展团队共同努力的结果，也是诸位学界前辈帮助和指导的结果。感谢本次展览的评审专家，他们是南方科技大学唐际根教授，辽宁省博物馆副馆长刘宁研究馆员，原深圳市文物考古鉴定所所长任志录研究馆员，深圳博物馆原副馆长郭学雷研究馆员、副馆长杜鹃研究馆员，他们针对展览文本的学术性和形式设计的可行性提供了诸多宝贵的建设性意见；感谢深圳博物馆馆长黄琛研究馆员，他十分重视本次图录的编纂工作，给予了悉心指导，并针对图录的编排体例提出了具体建议。

因学识有限，书中难免有疏漏和瑕疵，敬请各位专家、学者、读者批评指正。